VIES ET OEUVRES

DES

PEINTRES LES PLUS CÉLÈBRES.

N.º 147.

Cent quarante septième la
que deux cent cinquante ans...

Gaudon

VIES ET OEUVRES

DES

PEINTRES LES PLUS CÉLÈBRES

DE TOUTES LES ÉCOLES;

RECUEIL CLASSIQUE,

CONTENANT

ŒUVRE complète des Peintres du premier rang, et leurs Portraits; les principales Productions des Artistes de 2e et 3e classes; un Abrégé de la Vie des Peintres Grecs, et un choix des plus belles Peintures antiques;

RÉDUIT ET GRAVÉ AU TRAIT,

D'APRÈS les Estampes de la Bibliothèque nationale et des plus riches Collections particulières;

PUBLIÉ PAR C. P. LANDON, Peintre, ancien Pensionnaire du Gouvernement à l'Ecole Française des Beaux-Arts à Rome, Membre de plusieurs Sociétés Littéraires, Éditeur des Annales du Musée.

A PARIS,

Chez L'AUTEUR, Quai BONAPARTE, N° 23.

IMPRIMERIE DE CHAIGNIEAU AÎNÉ.
AN XII. — 1804.

AVIS
DE L'ÉDITEUR.

Encouragé par l'indulgence du public, qui a favorablement accueilli la première livraison de cet ouvrage, j'ai redoublé de soins pour diriger et perfectionner le travail de la seconde. Si l'exécution en est supérieure à celle du volume précédent, je dois cet avantage au zèle des différens artistes qui me secondent dans mon entreprise.

Lorsque j'annonçai que la collection des ouvrages du Dominiquin comprendrait environ deux volumes, j'étais loin de prévoir que l'Œuvre de ce maître dût offrir un assez grand nombre de compositions pour exiger un volume de plus. Depuis cette époque, non-seulement j'ai trouvé au Musée Napoléon, à la Bibliothèque nationale, et dans plusieurs Cabinets particuliers, la majeure partie des tableaux, estampes ou dessins qui m'ont servi de modèles, mais encore j'ai recueilli dans les auteurs français ou étrangers qui ont écrit sur les arts, et dans les Relations de divers voyageurs, une liste de tableaux du Dominiquin, peu connus, ou qui n'ont pas encore été publiés par la gravure.

Le troisième et dernier volume de l'Œuvre du

AVIS DE L'ÉDITEUR.

Dominiquin ne tardera pas à être publié; j'ai déja fait dessiner et graver d'avance un certain nombre de sujets, et l'on s'occupe actuellement en Italie des dessins de plusieurs morceaux inédits qui complèteront ce volume

En attendant sa confection, et afin que les Souscripteurs n'éprouvent pas de retard dans la publication de cet ouvrage, on mettra au jour, immédiatement après ce 2e volume de l'Œuvre du Dominiquin, le 1er de l'Œuvre de Raphaël (*). La variété dans les livraisons ne peut qu'être agréable aux amateurs, et ils approuveront d'autant plus ce mode de publication, qu'il est motivé par le desir de ne laisser échapper aucune des productions importantes des peintres du premier rang.

Le 2e volume de l'Œuvre du Dominiquin contient 48 planches simples et 12 doubles, comptées pour 24. Ces dernières sont numérotées 61, 62, 63, 71, 96, 97, 111, 113, 114, 115, 118 et 119.

(*) Le premier volume de l'Œuvre de Raphaël, paraîtra le premier prairial an 12; il contiendra entre autres sujets, la Transfiguration, les sept fameux Cartons dits *d'Hamptoncourt*, l'Histoire de l'Ancien et du Nouveau Testament en cinquante-deux tableaux à fresque, dits *Loges du Vatican*. On trouvera dans le deuxième volume, l'Histoire de Psyché en trente-deux pièces, l'École d'Athènes, la Dispute du Saint-Sacrement, le Parnasse, la Punition d'Héliodore, l'Incendie *del Borgo*, Attila, le Miracle de Bolsène, et les autres célèbres tableaux qui forment la Collection connue sous le nom de *Salles du Vatican*, etc., etc.

SUITE
DE
L'OEUVRE DU DOMINIQUIN.

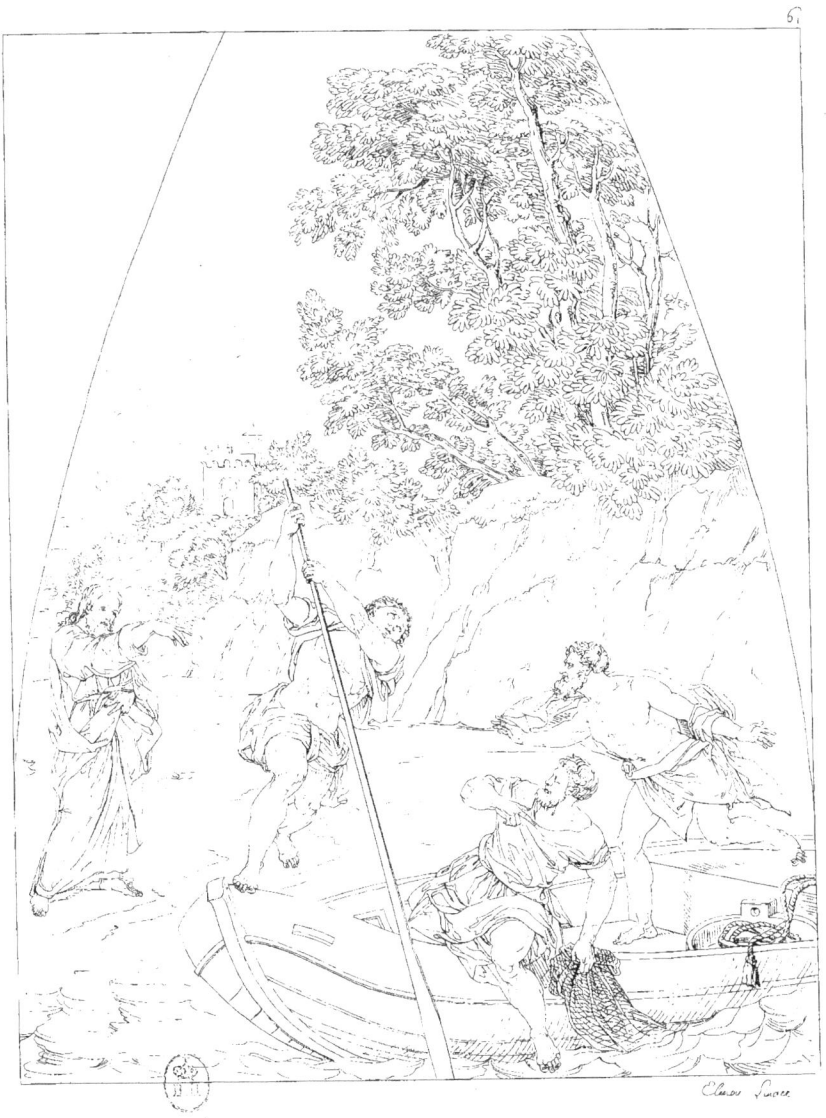

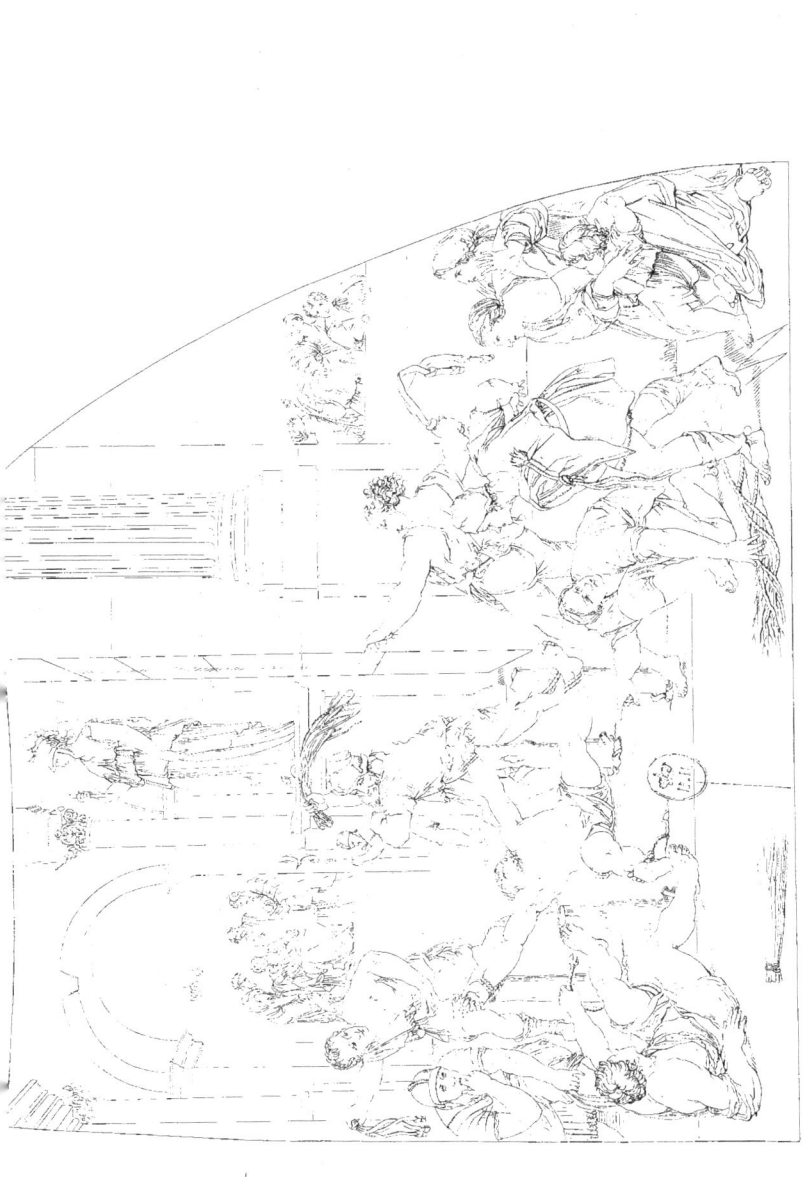

64

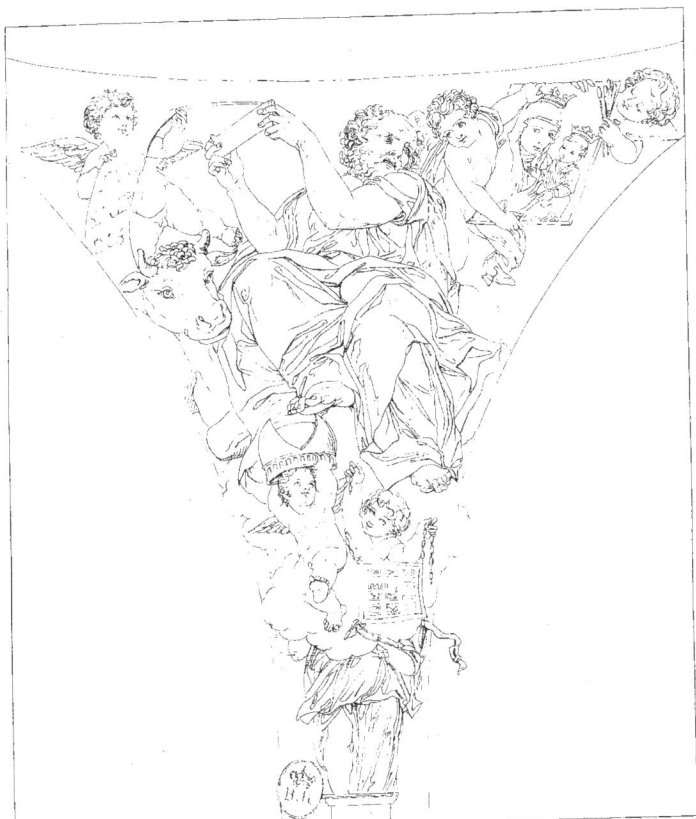

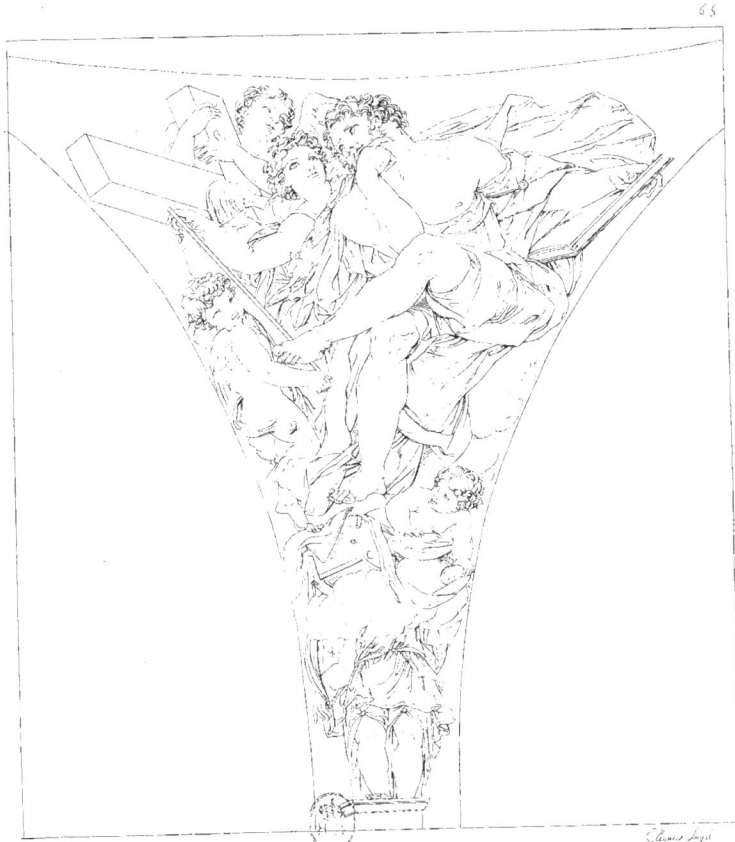

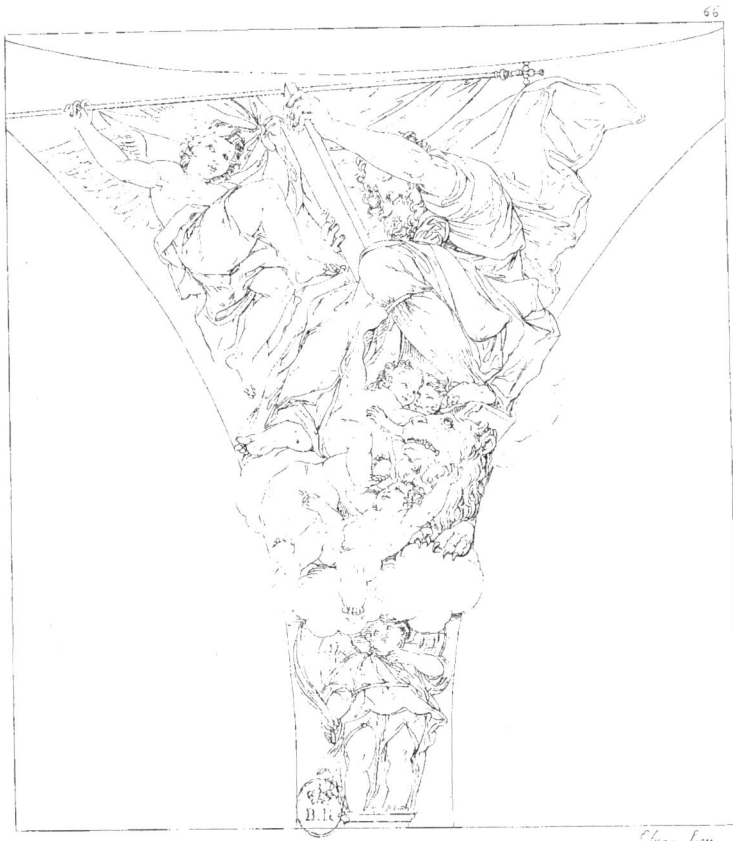

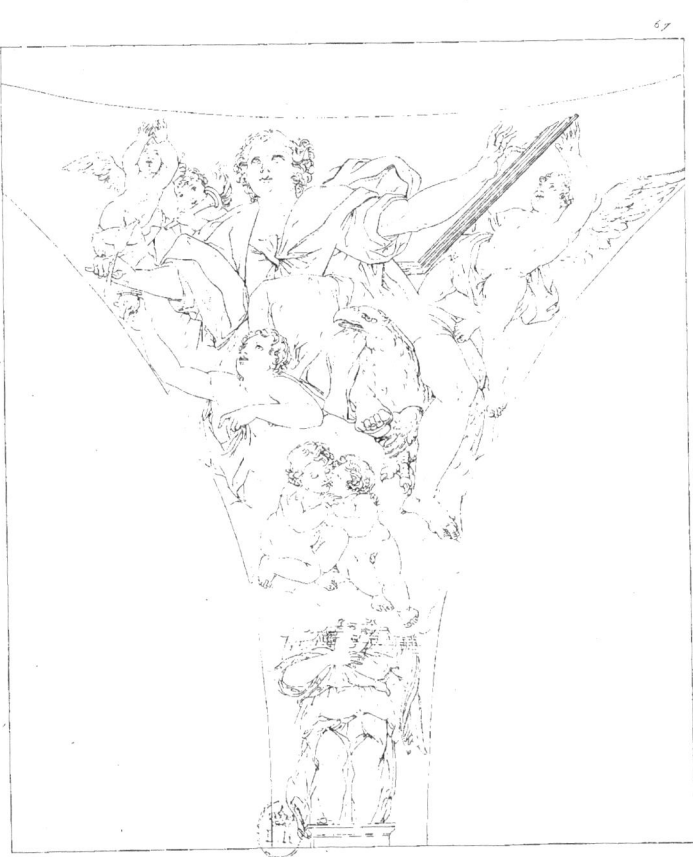

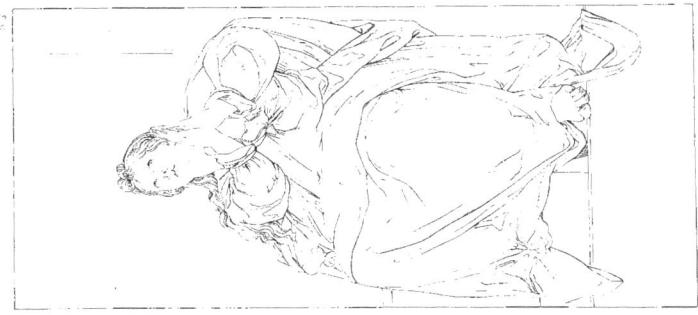
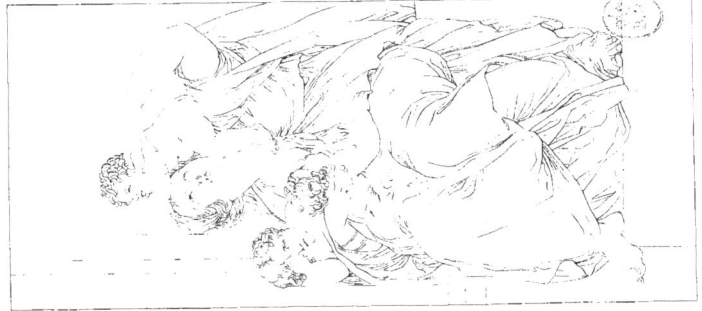

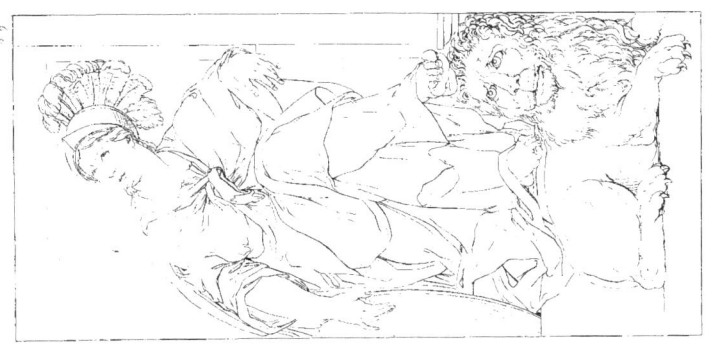

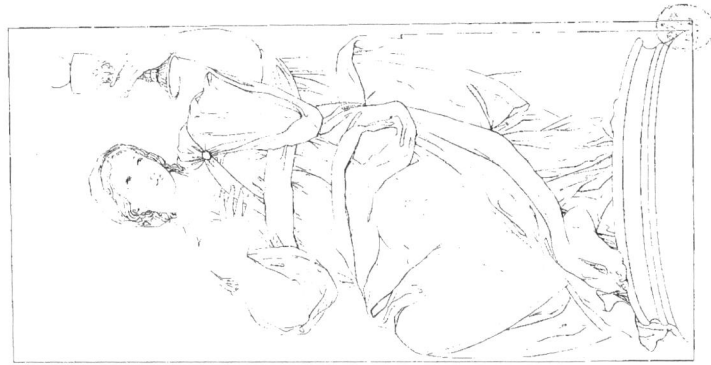

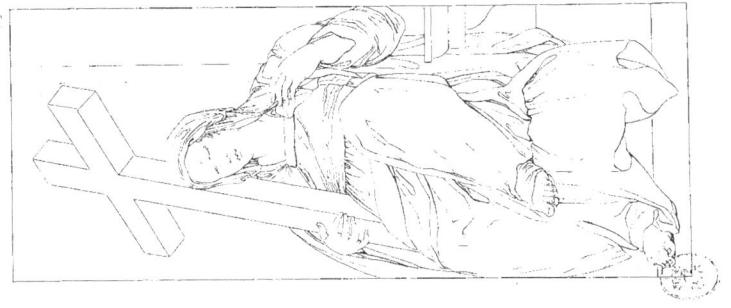

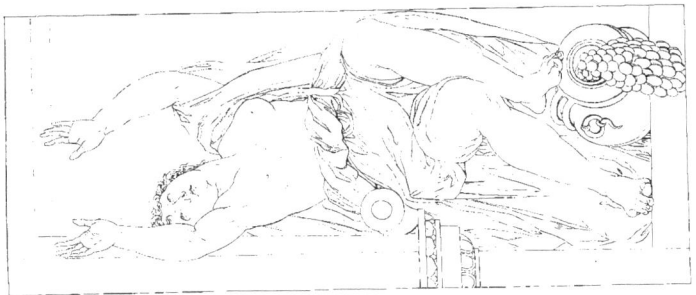

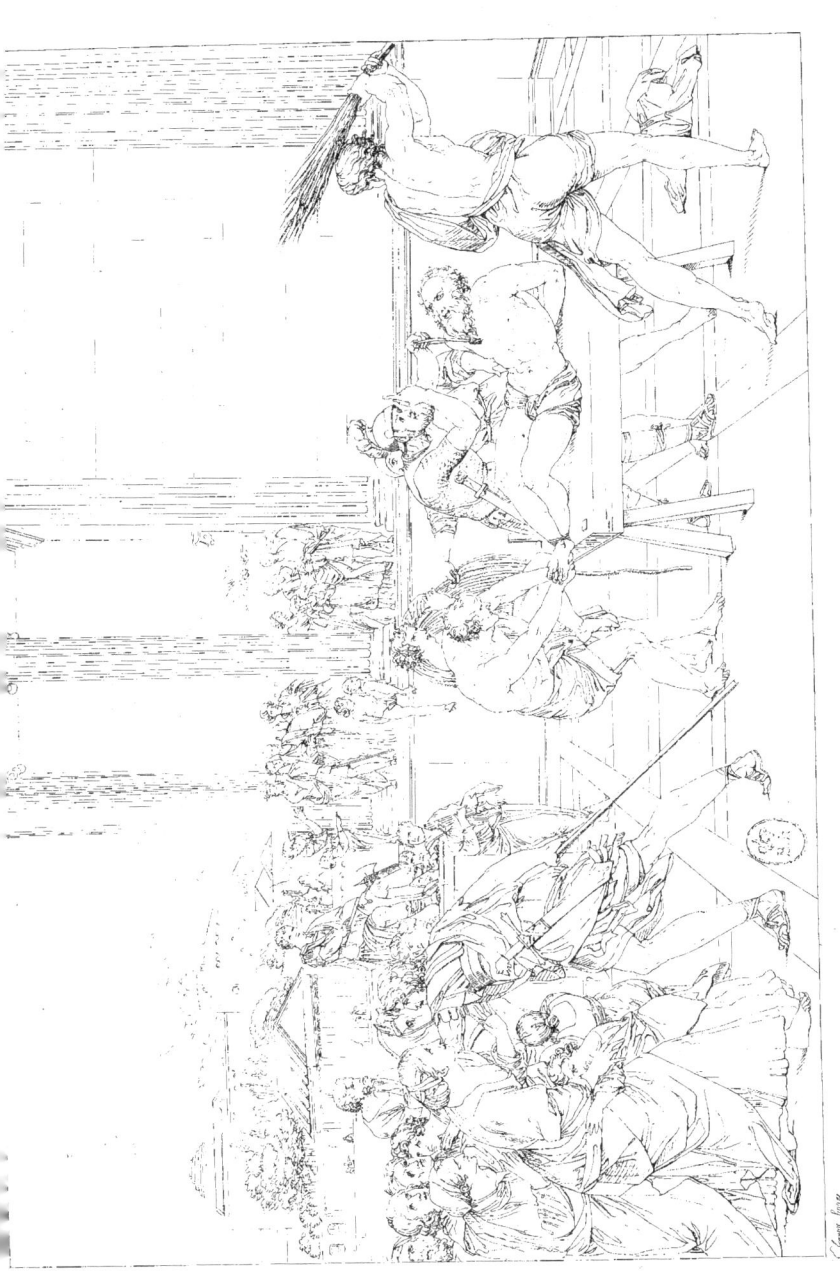

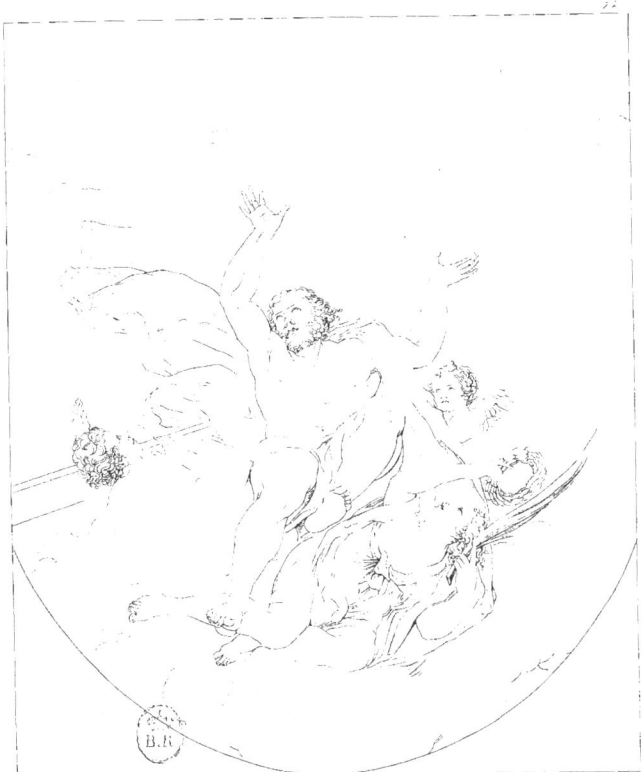

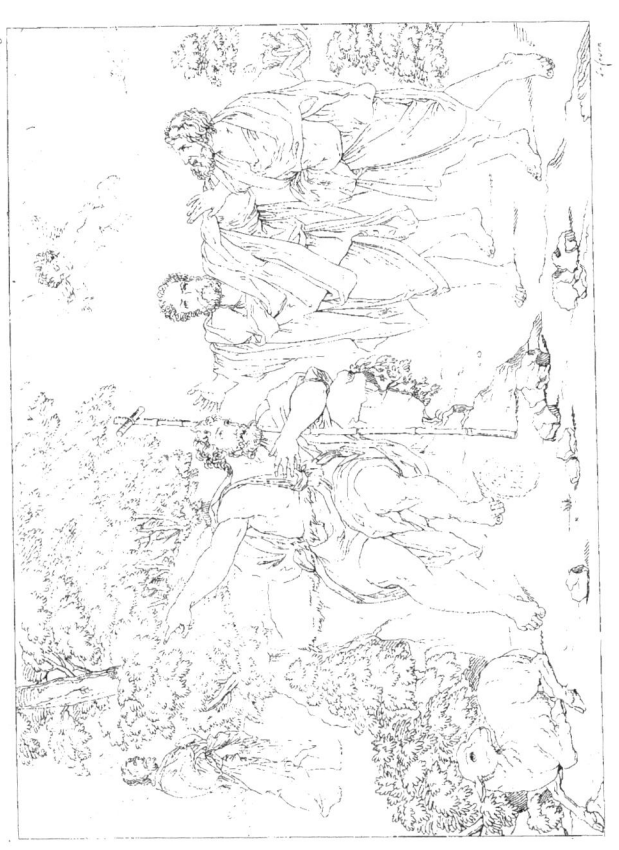

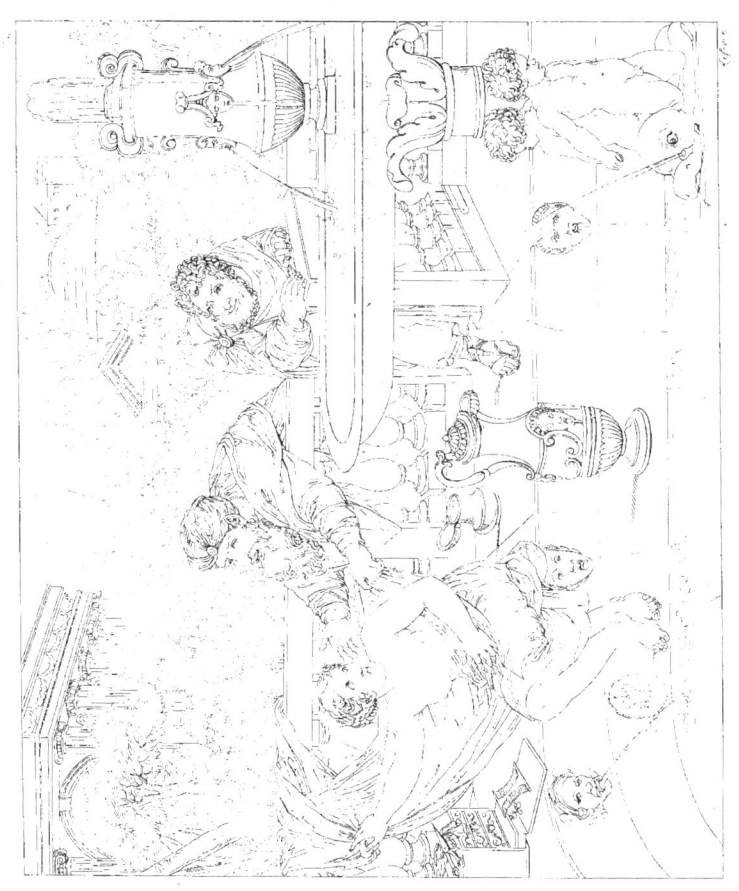

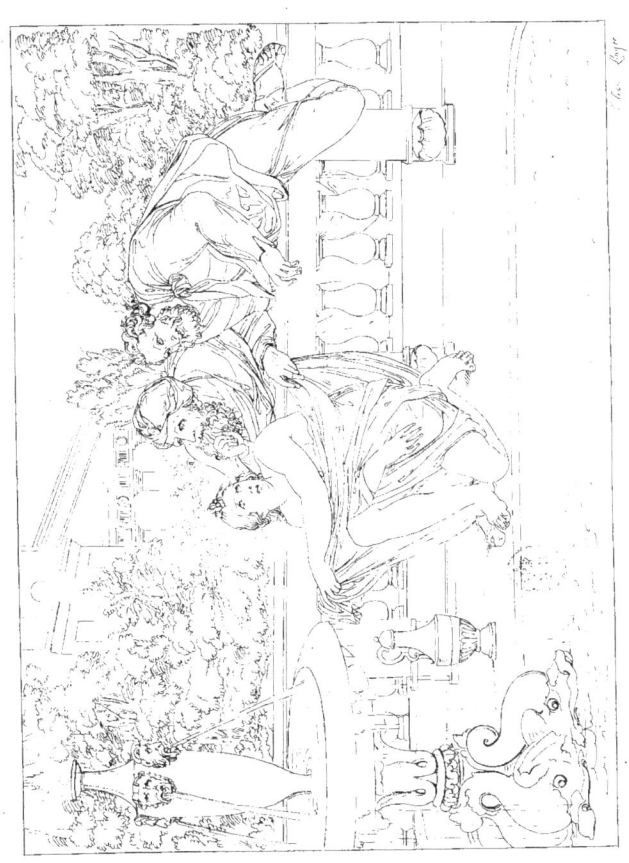

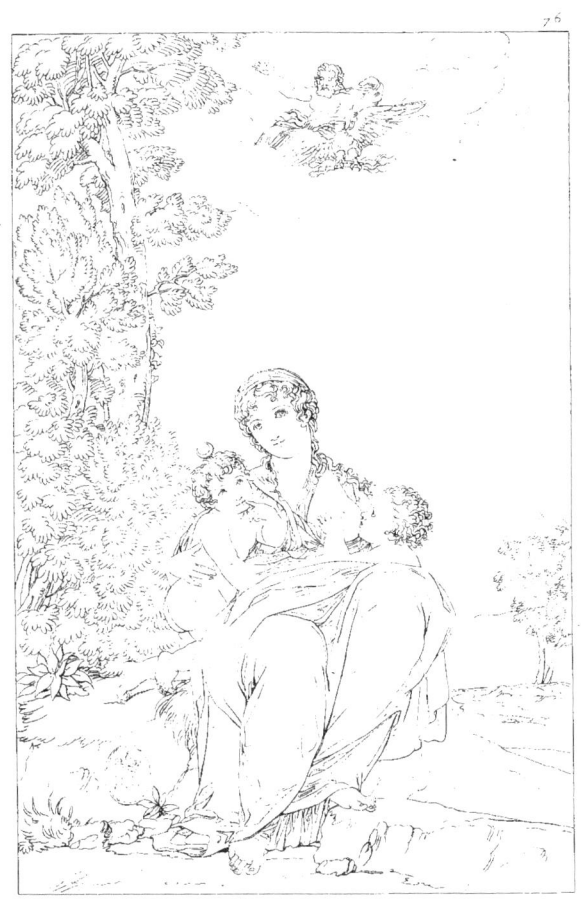

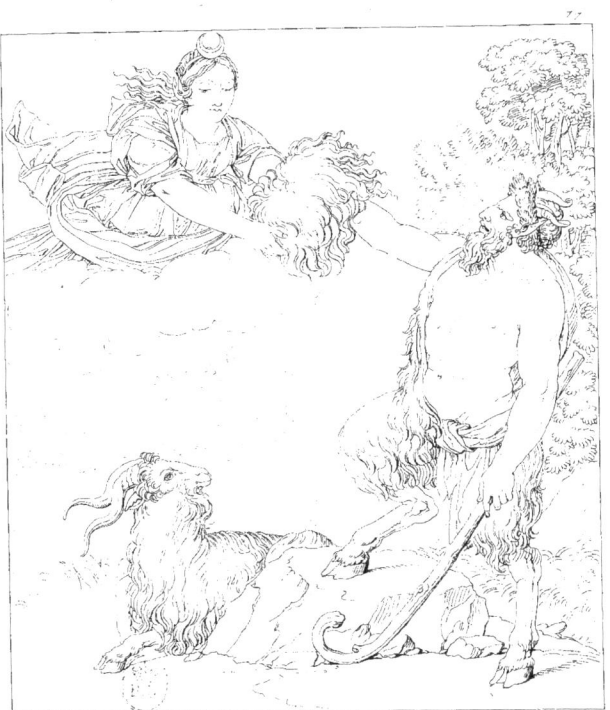

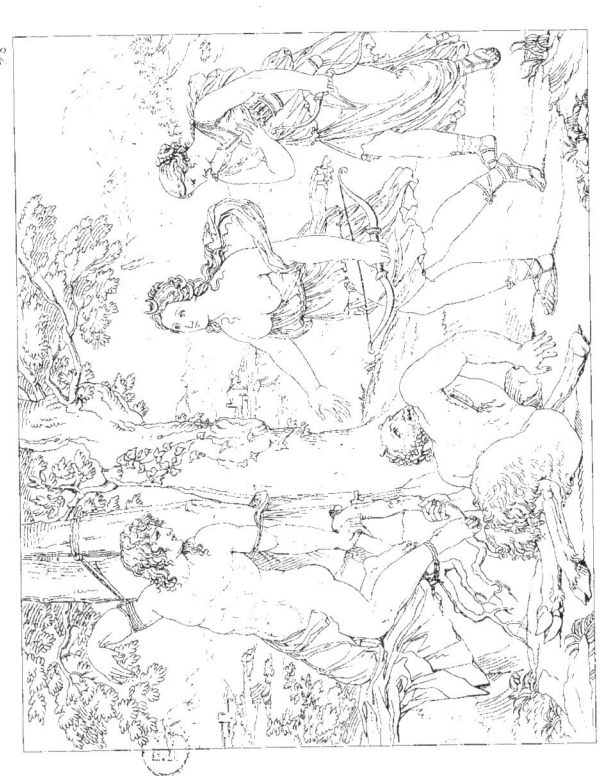

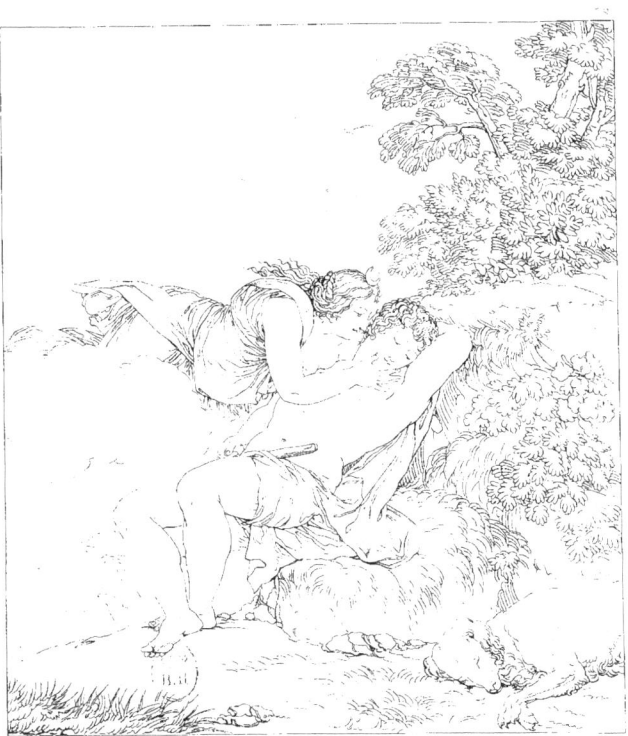

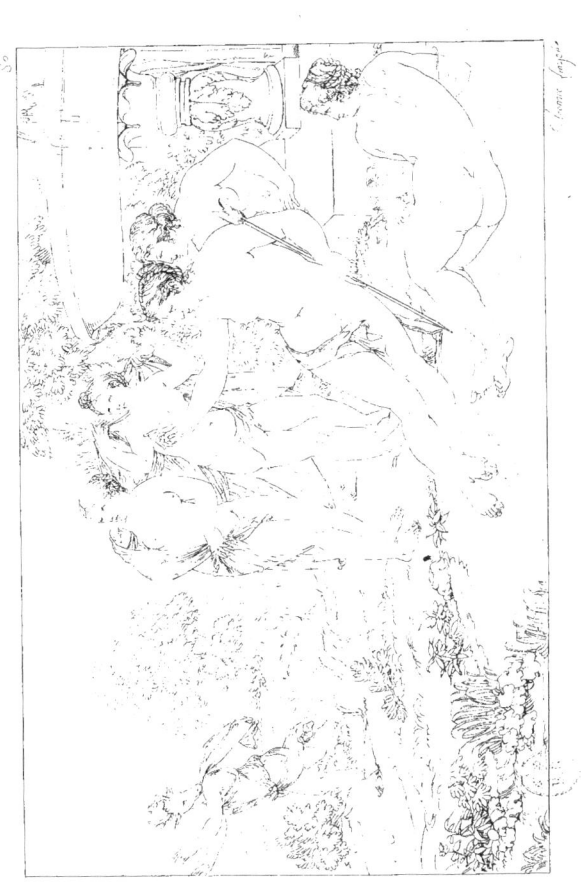

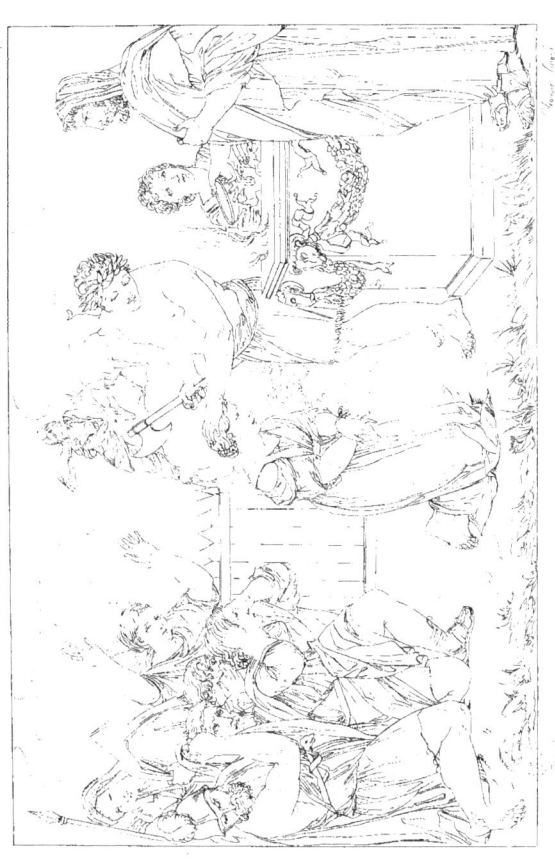

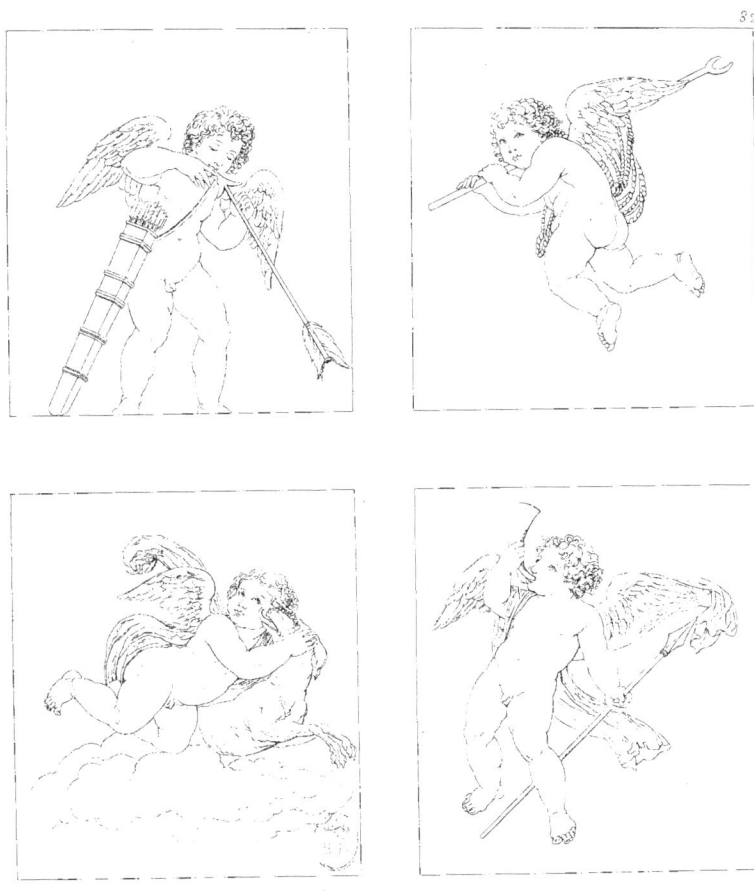

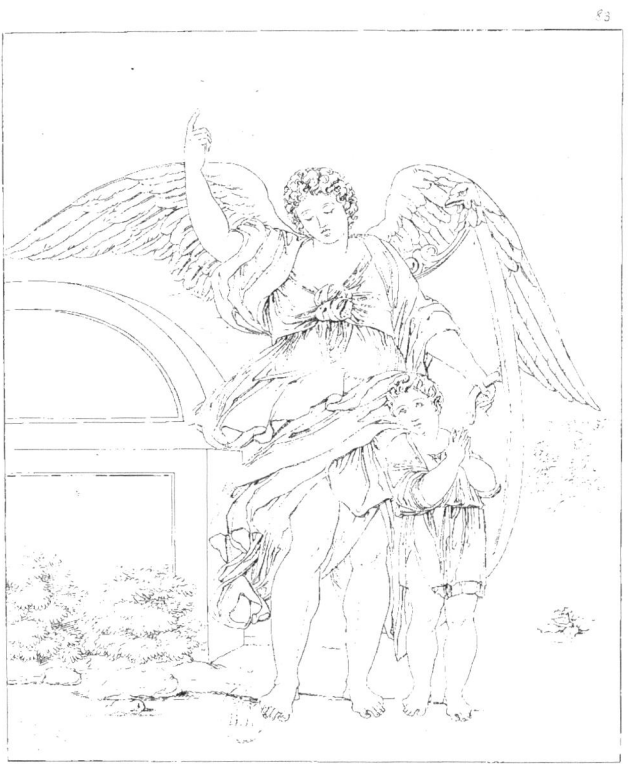

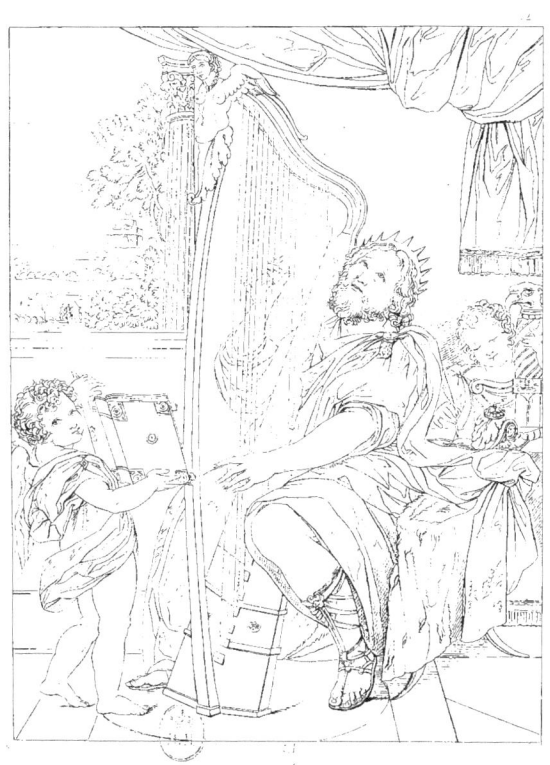

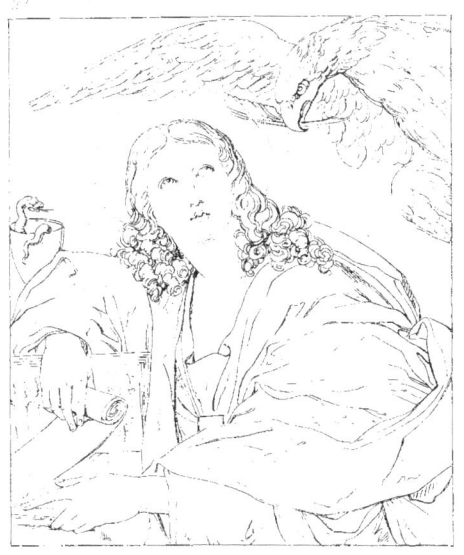

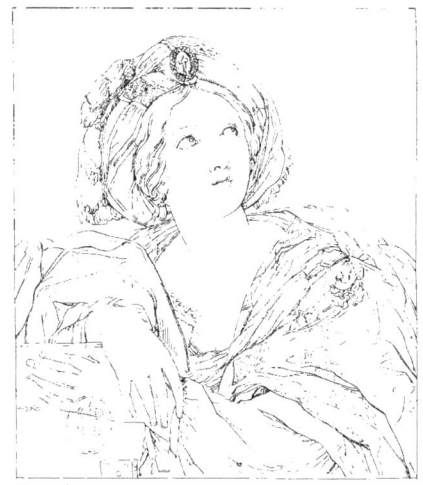

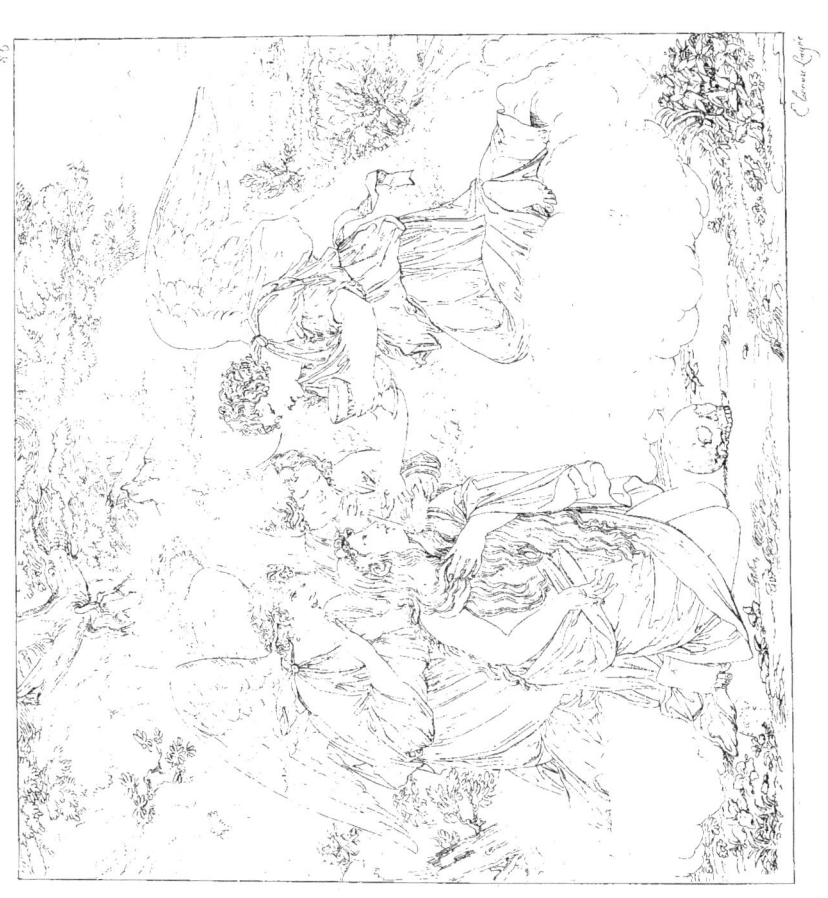

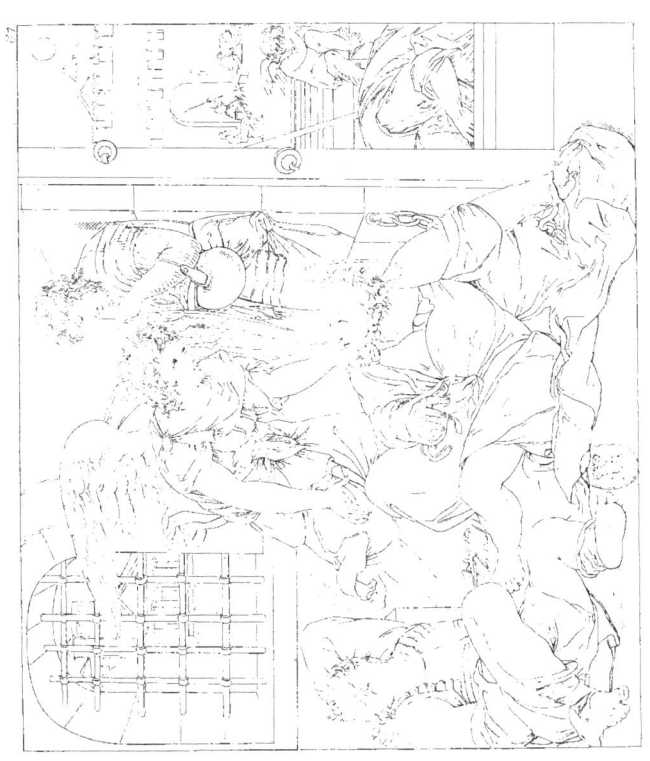

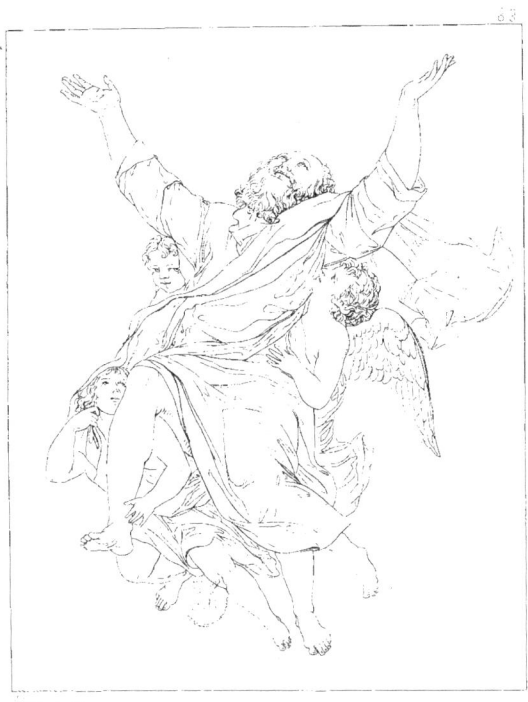

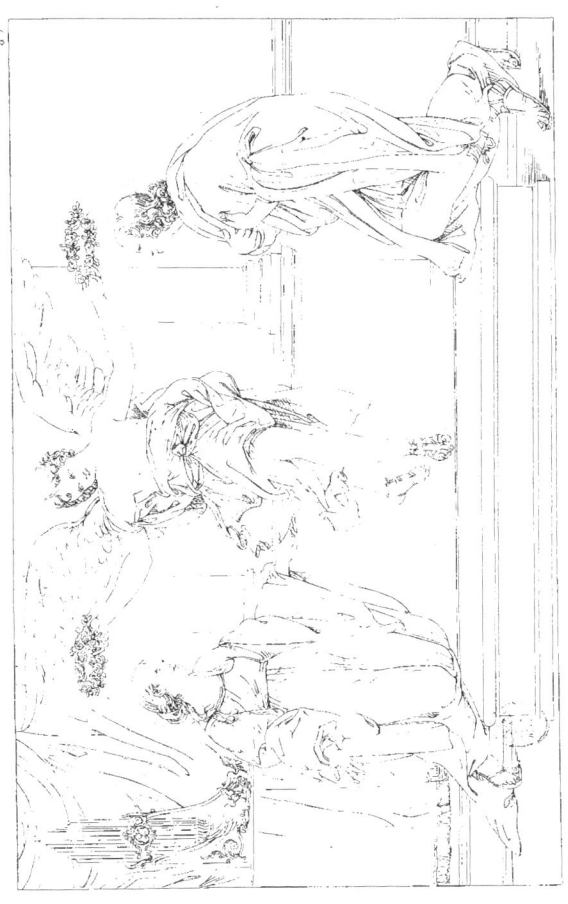

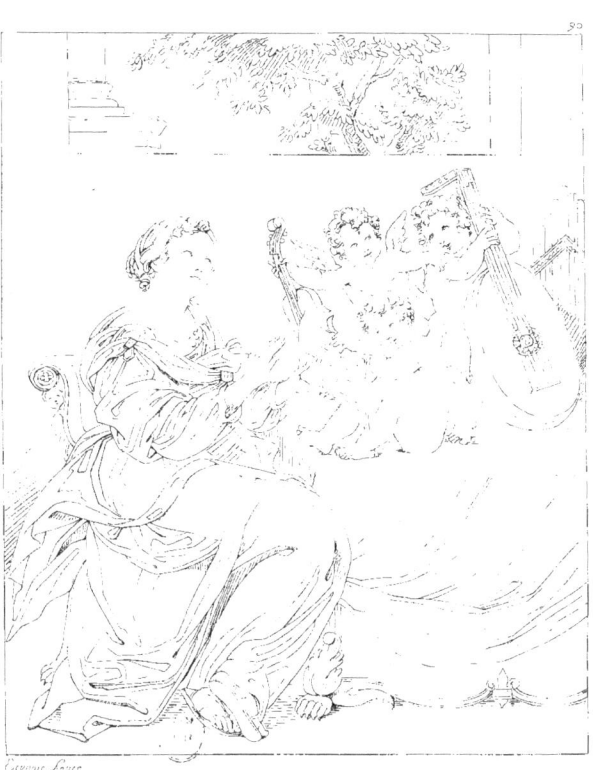

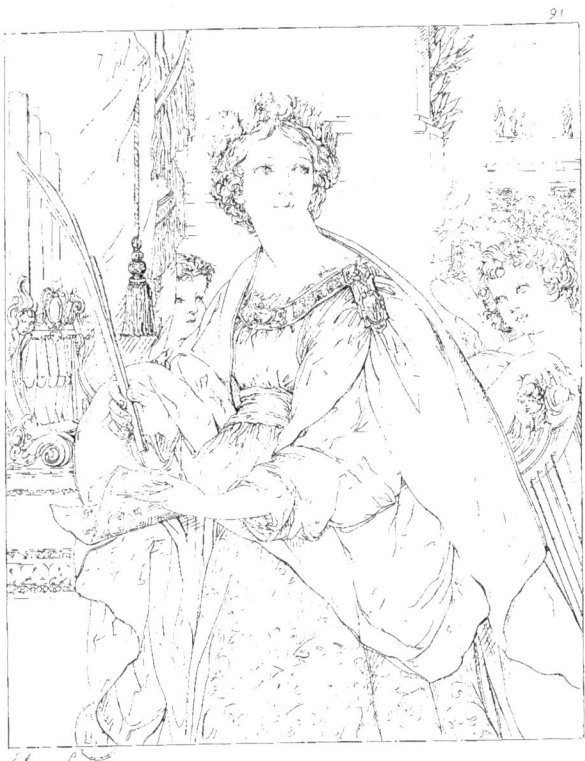

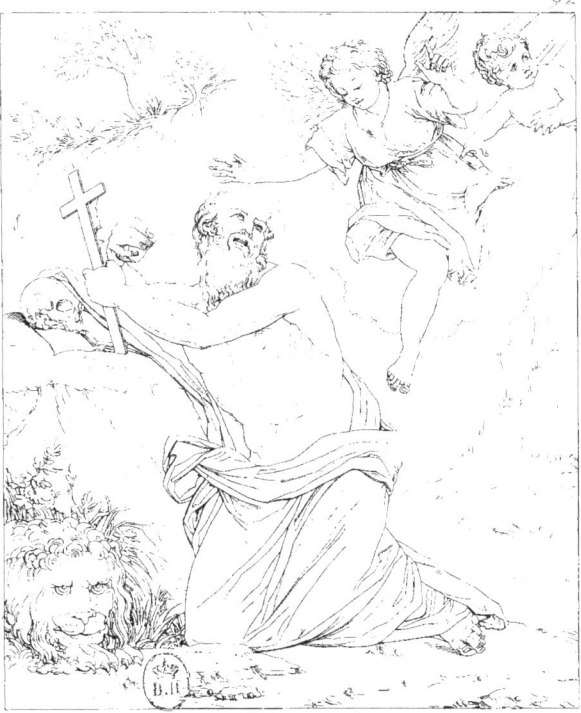

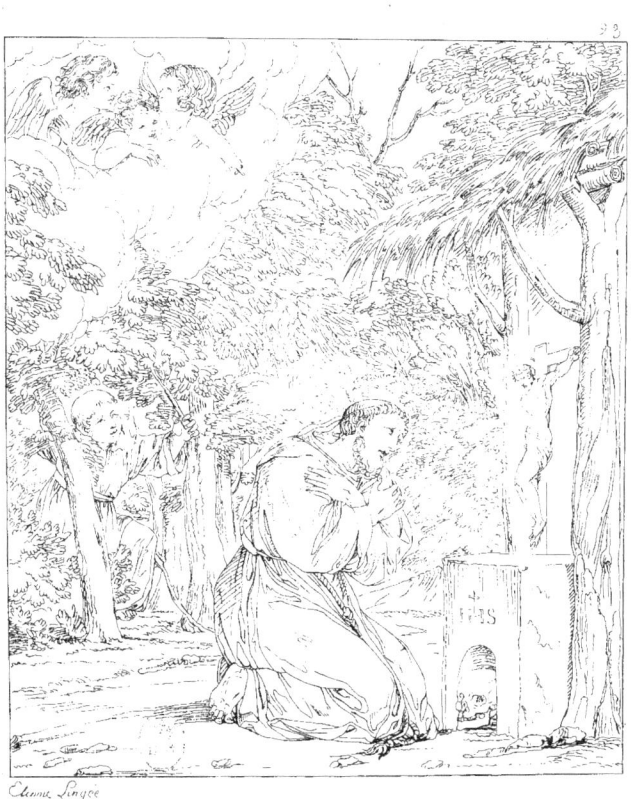

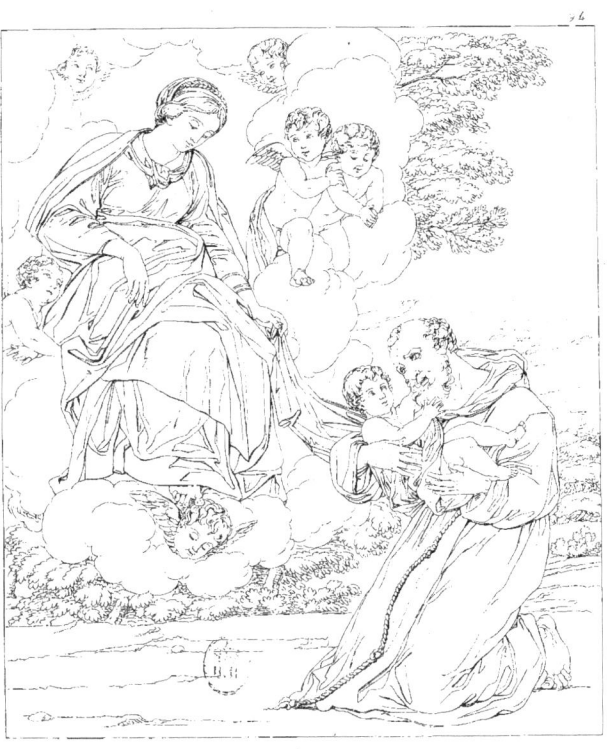

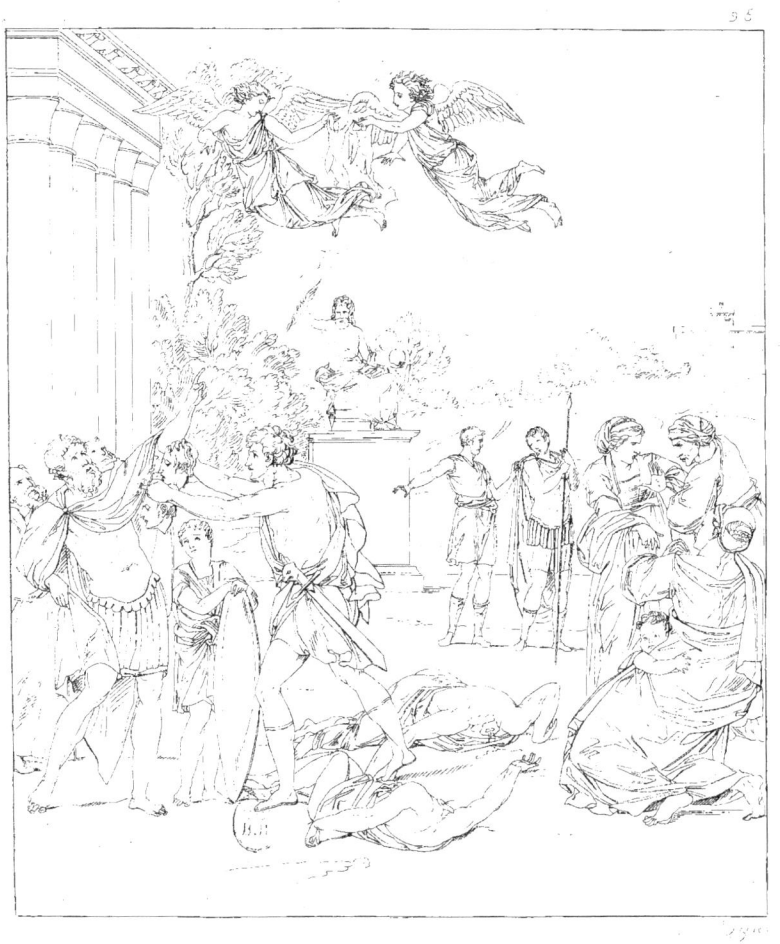

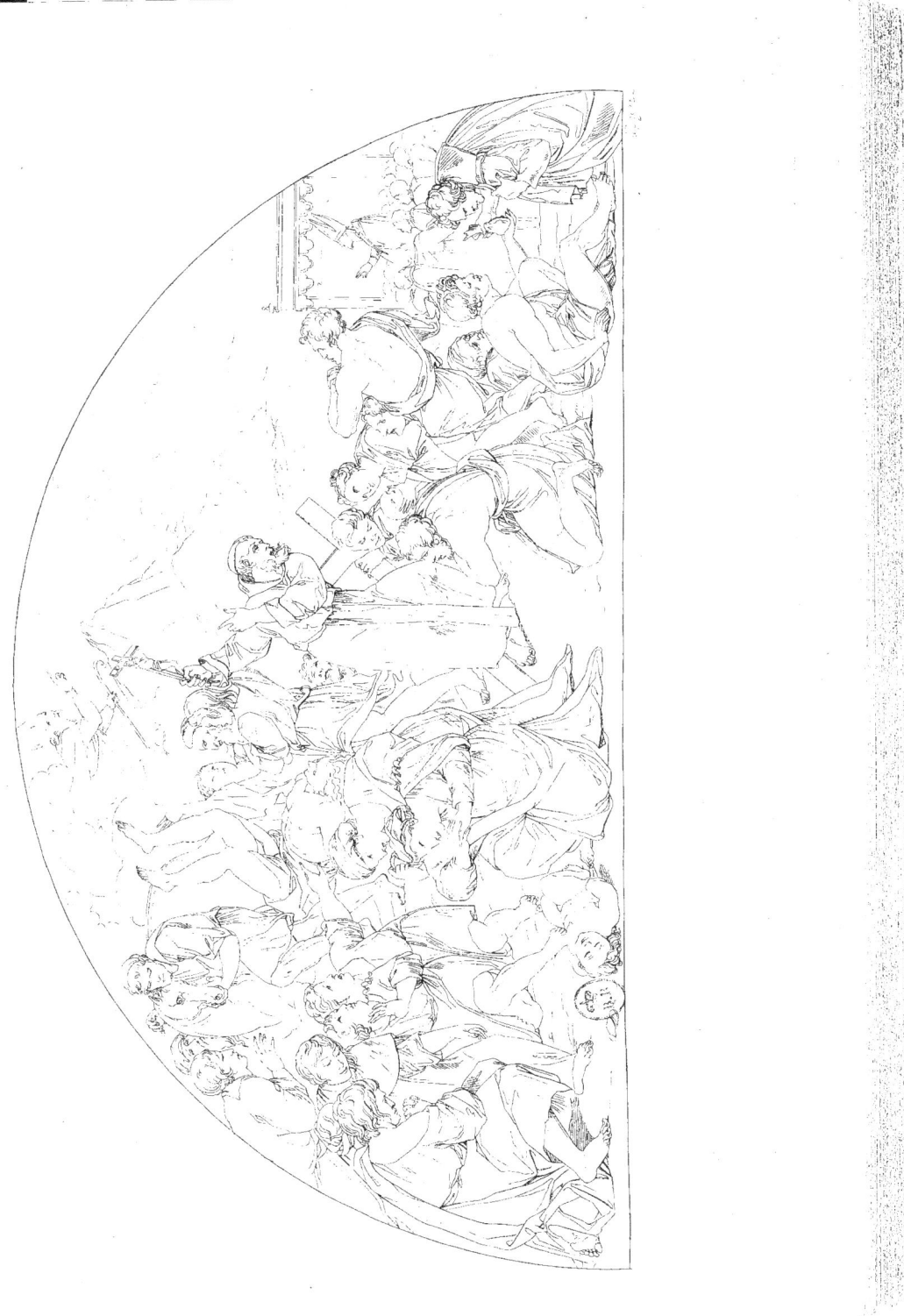

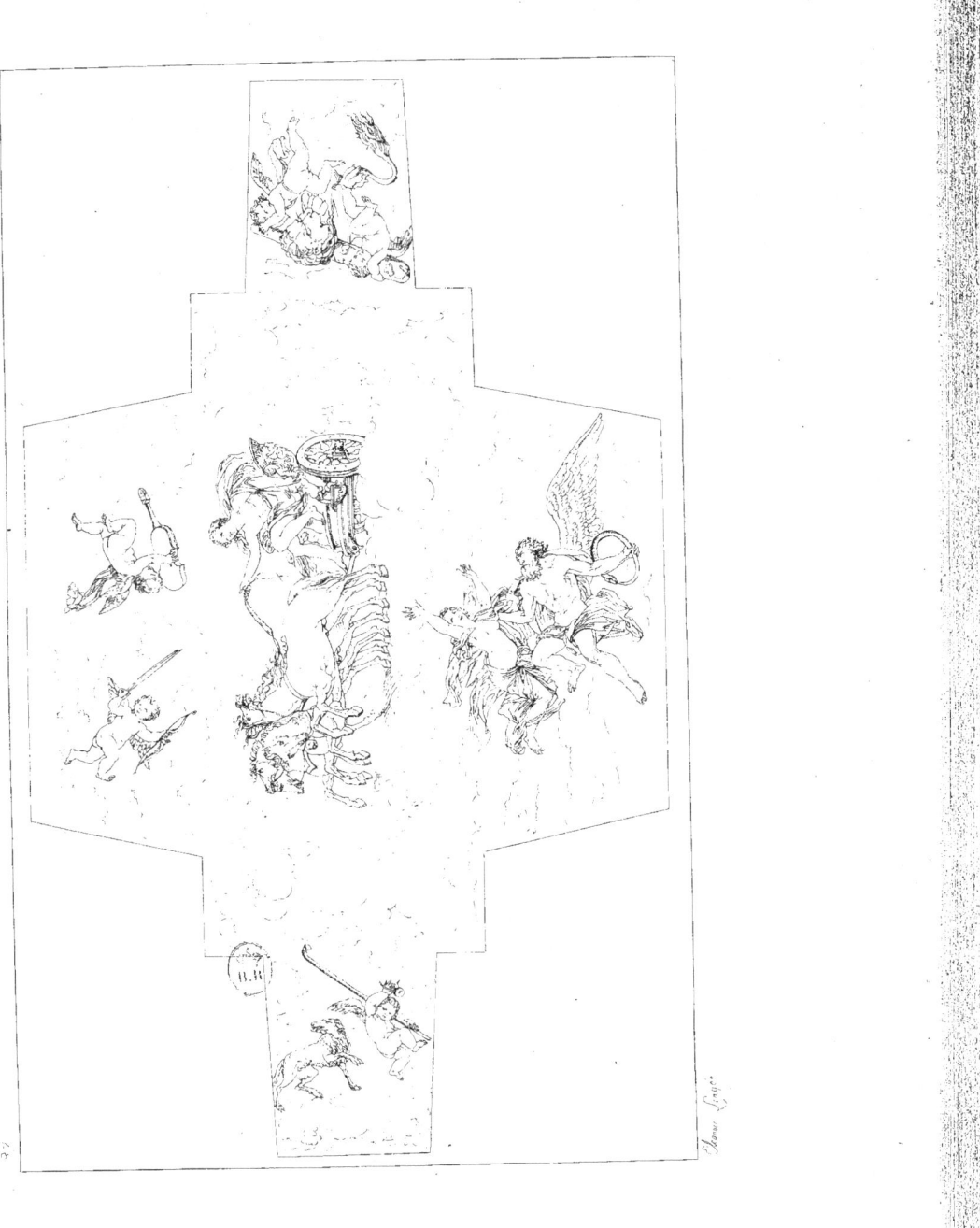

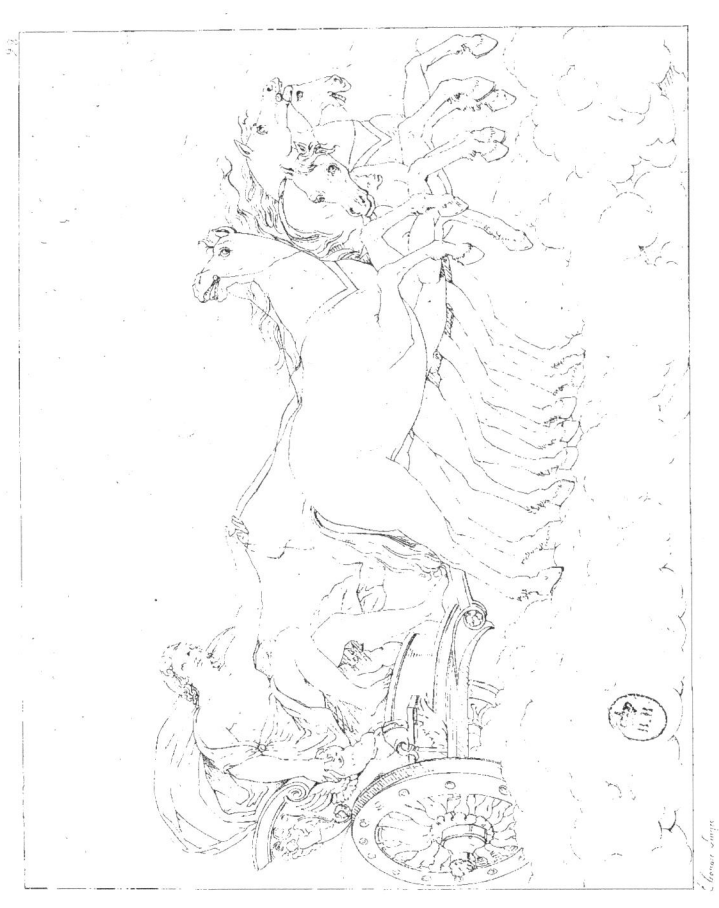

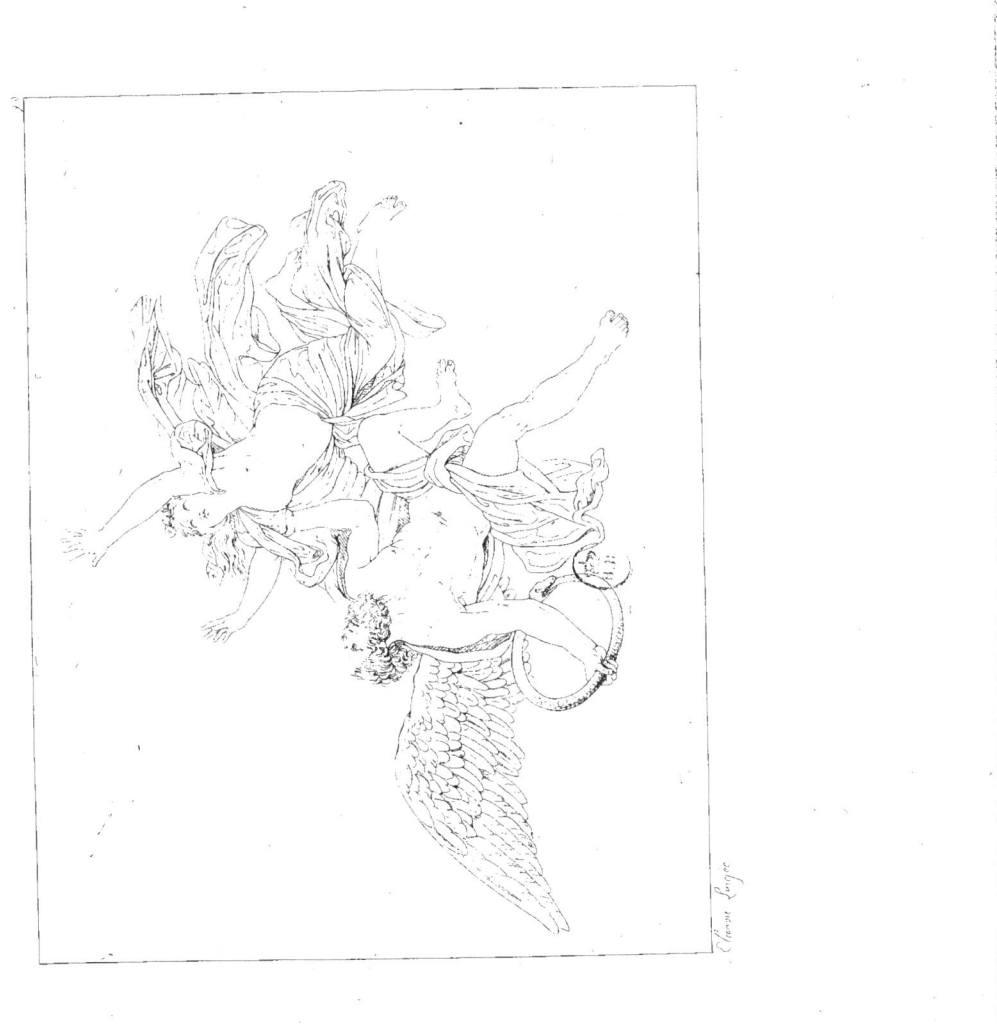

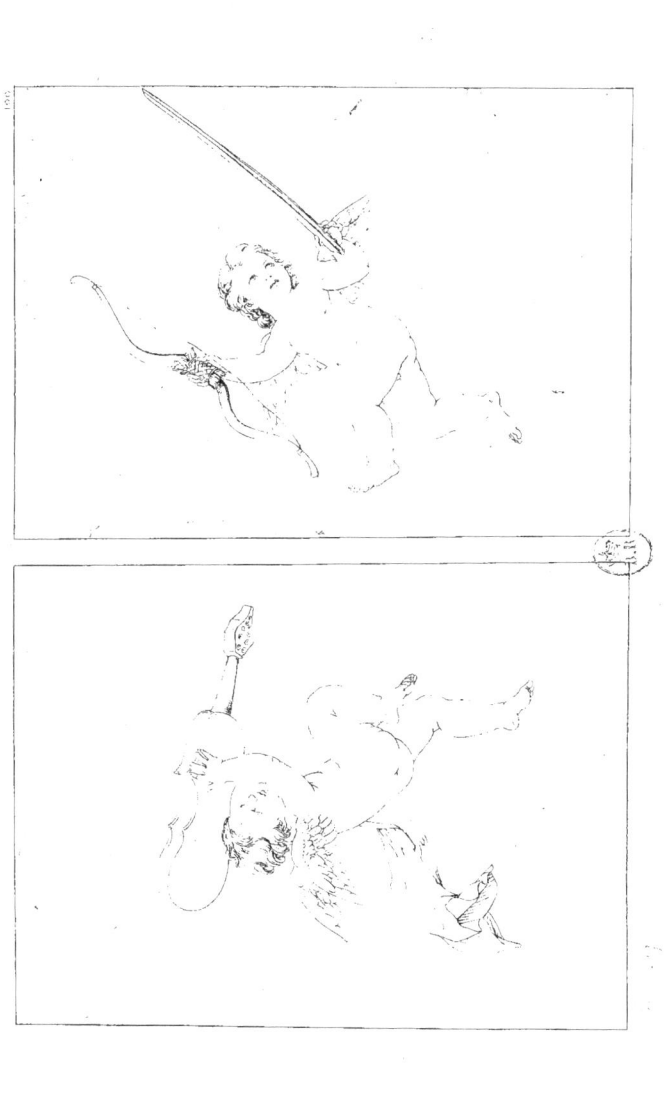

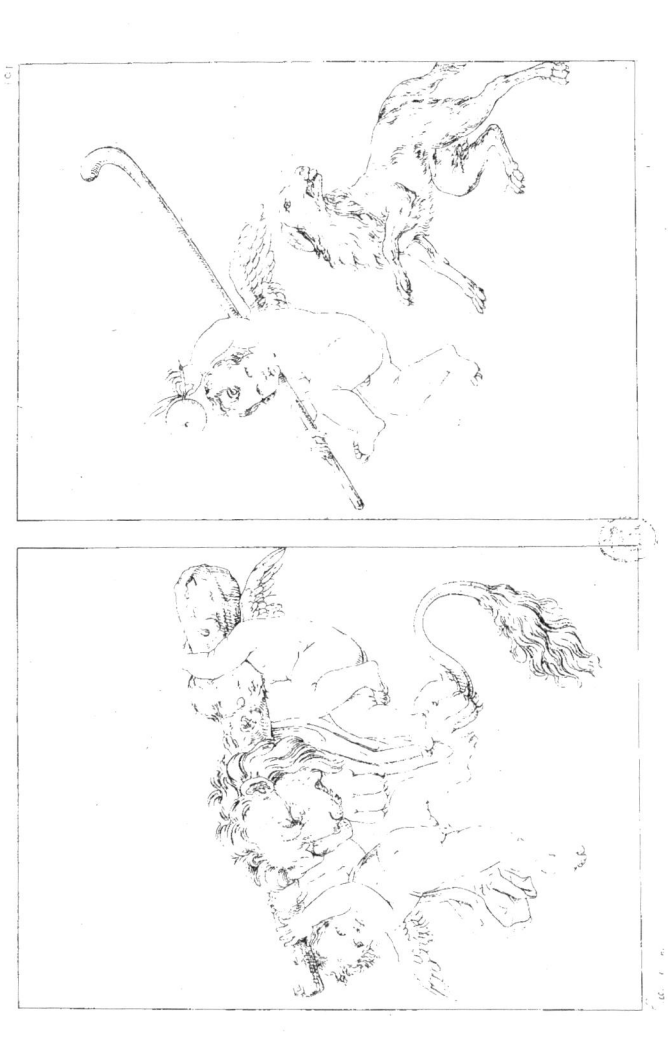

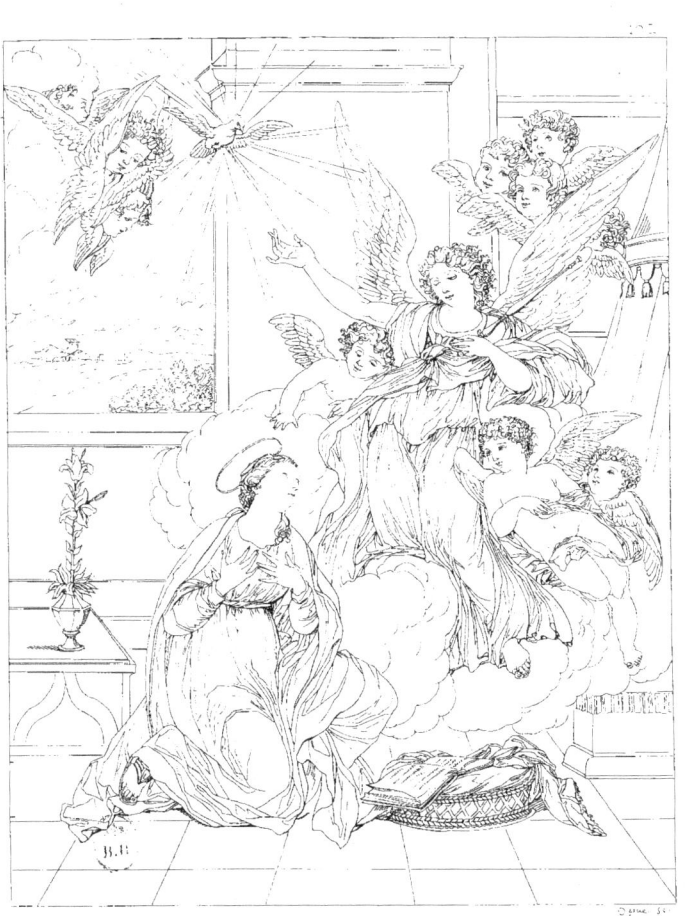

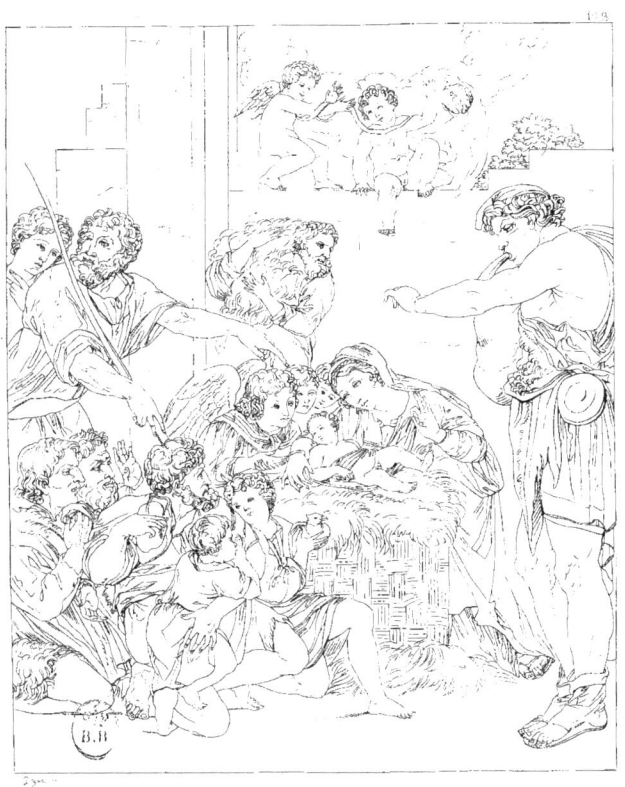

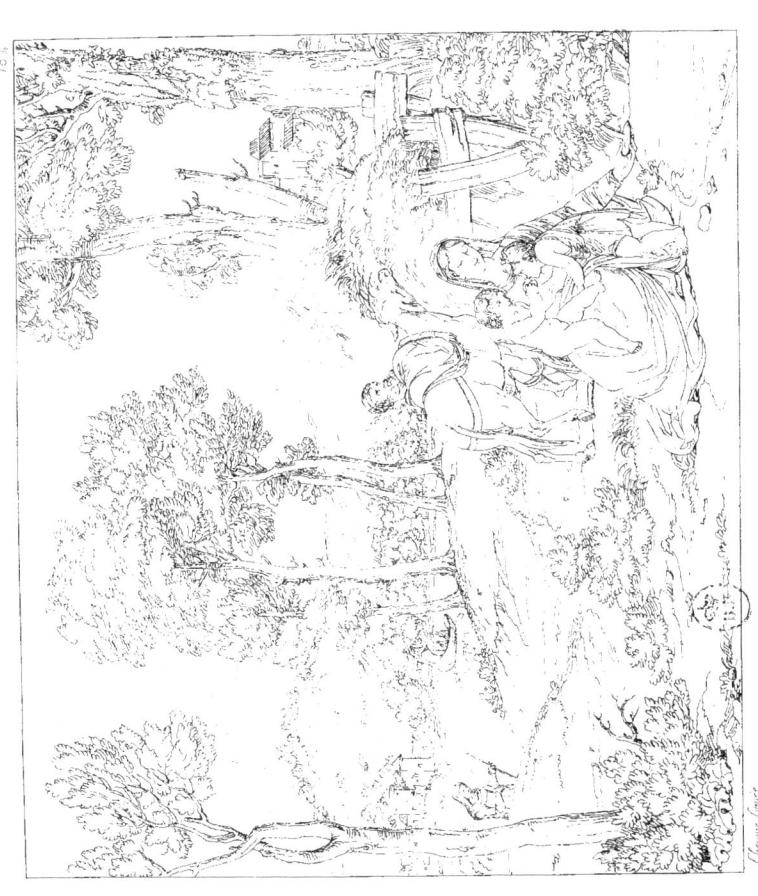

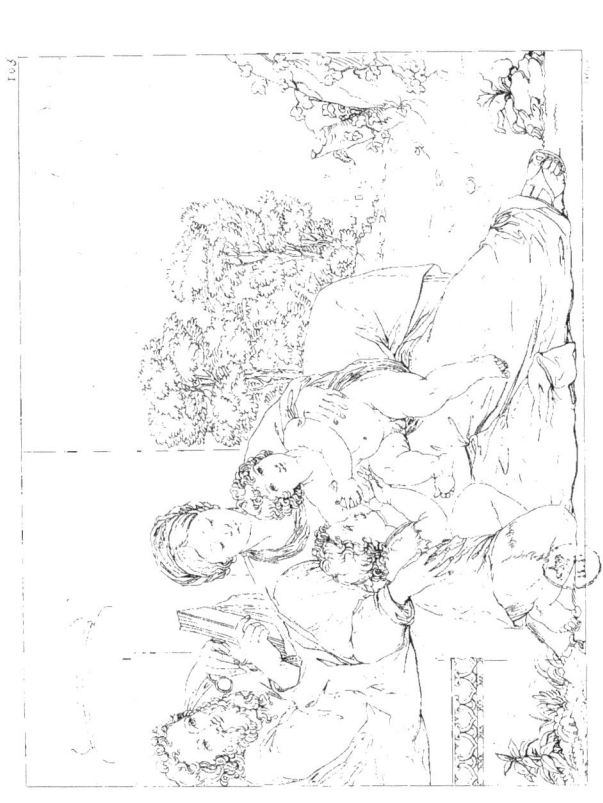

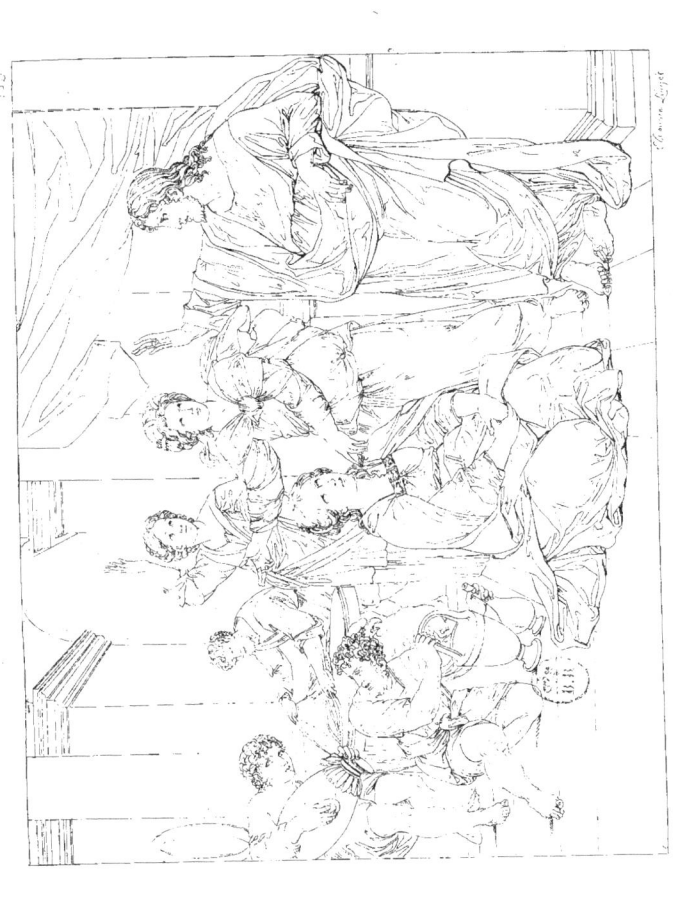

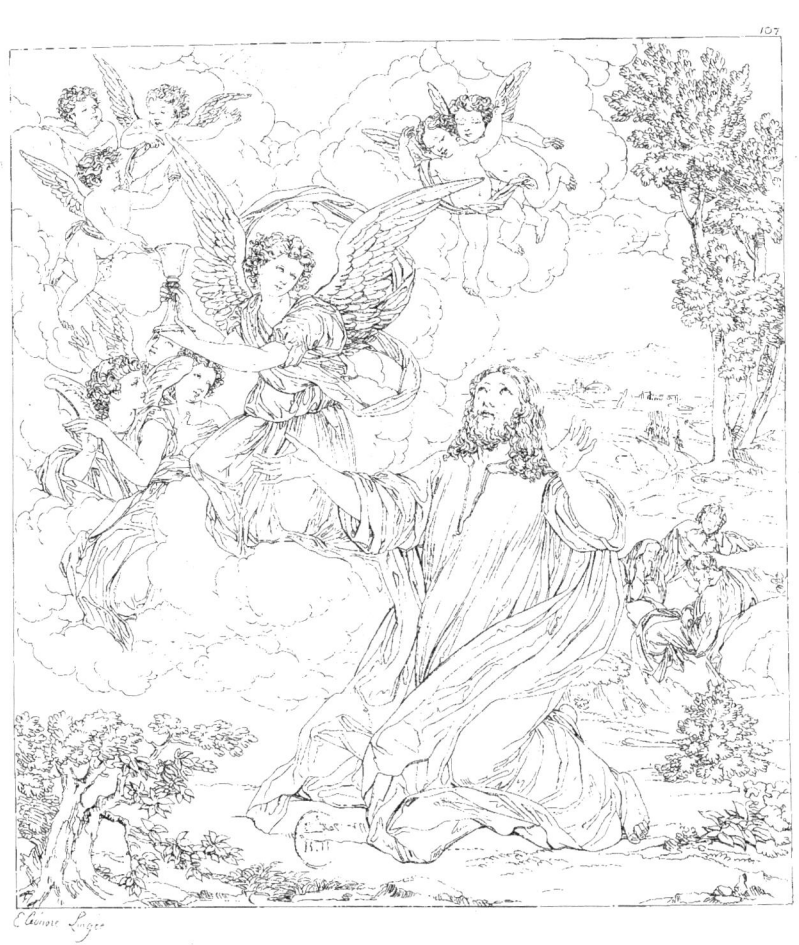

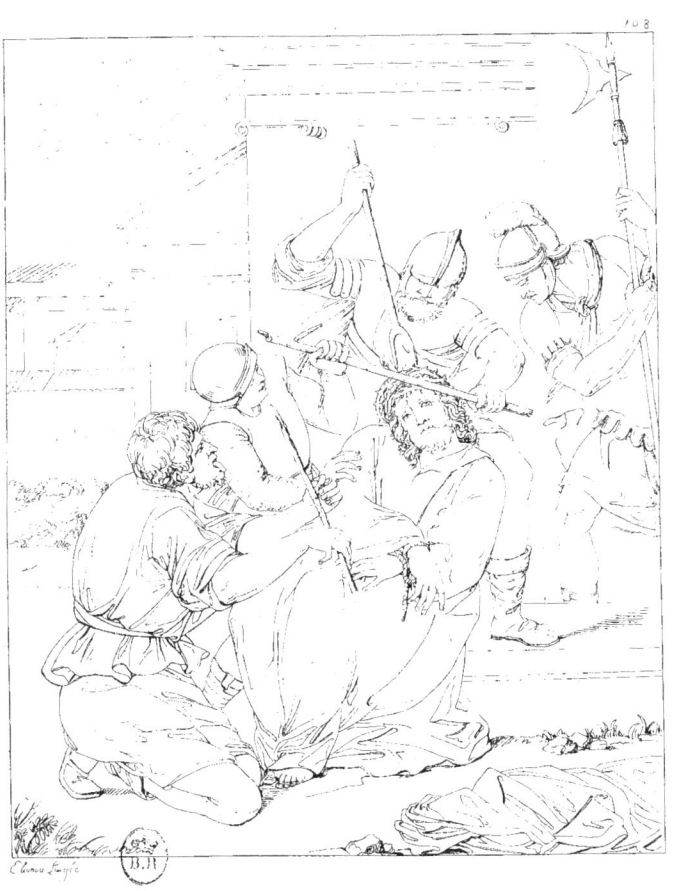

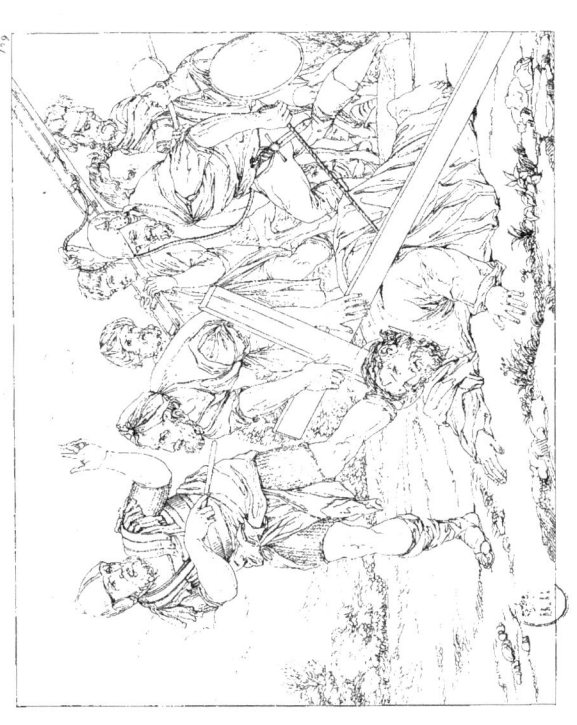

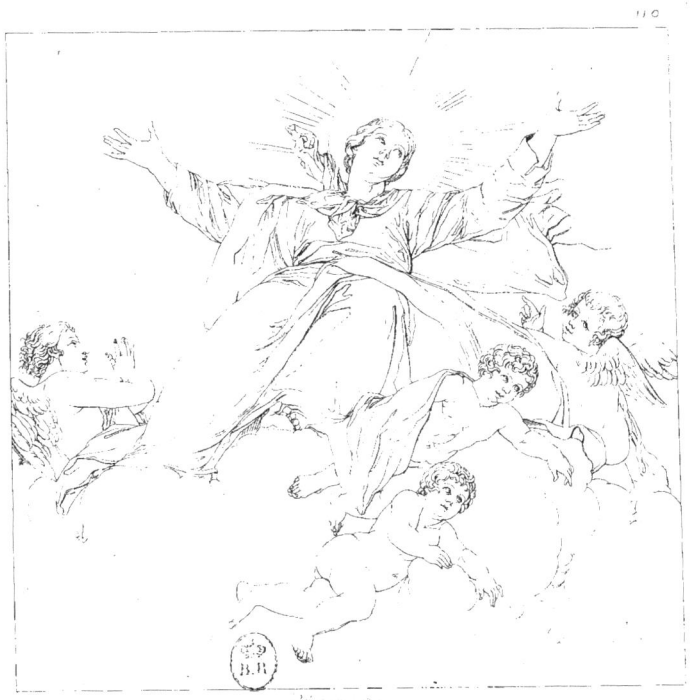

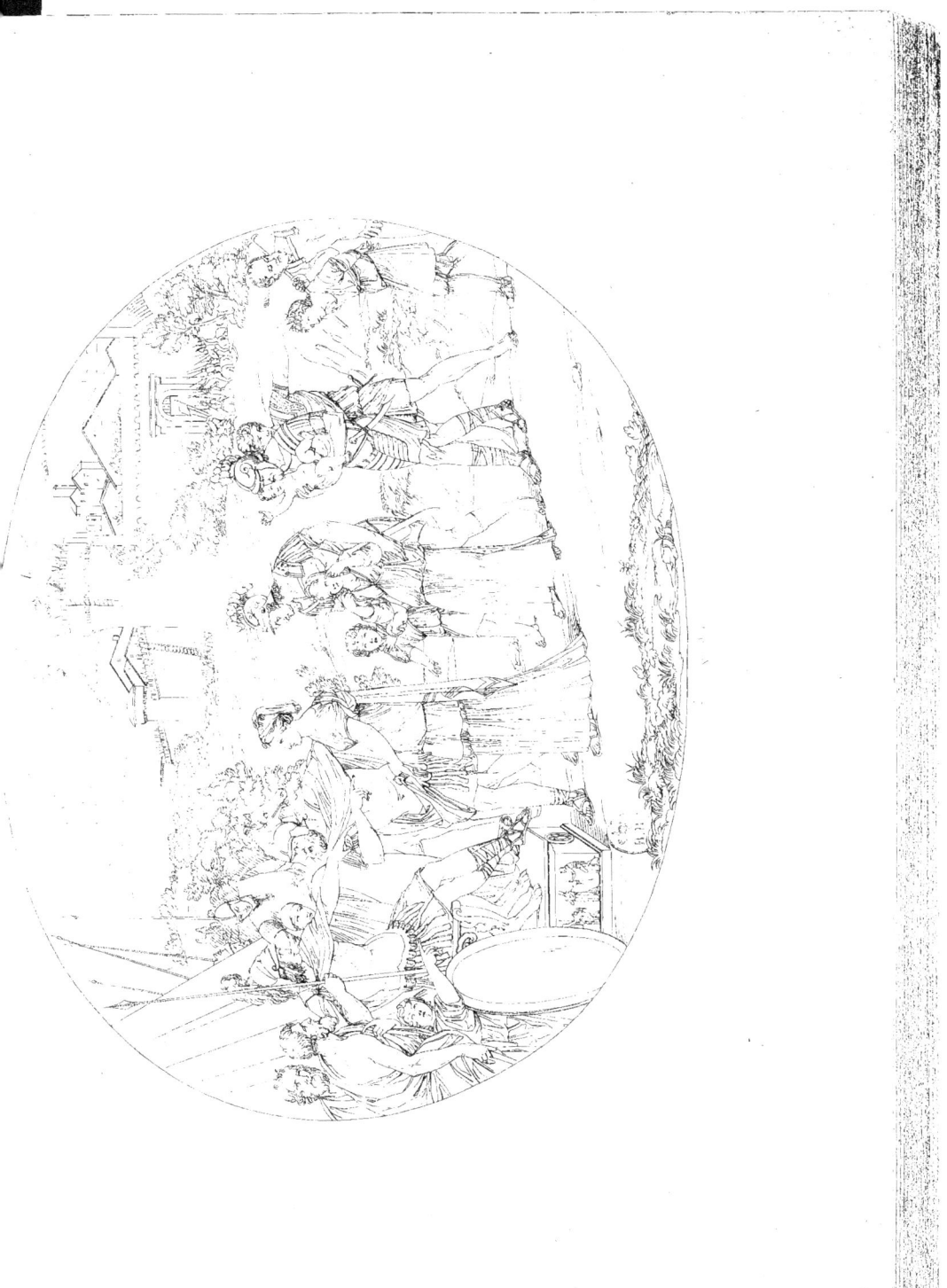

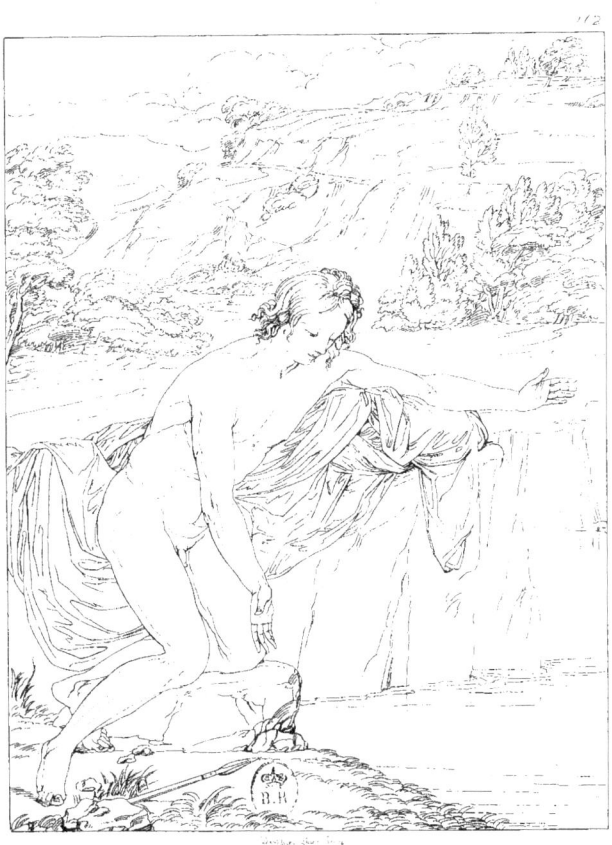

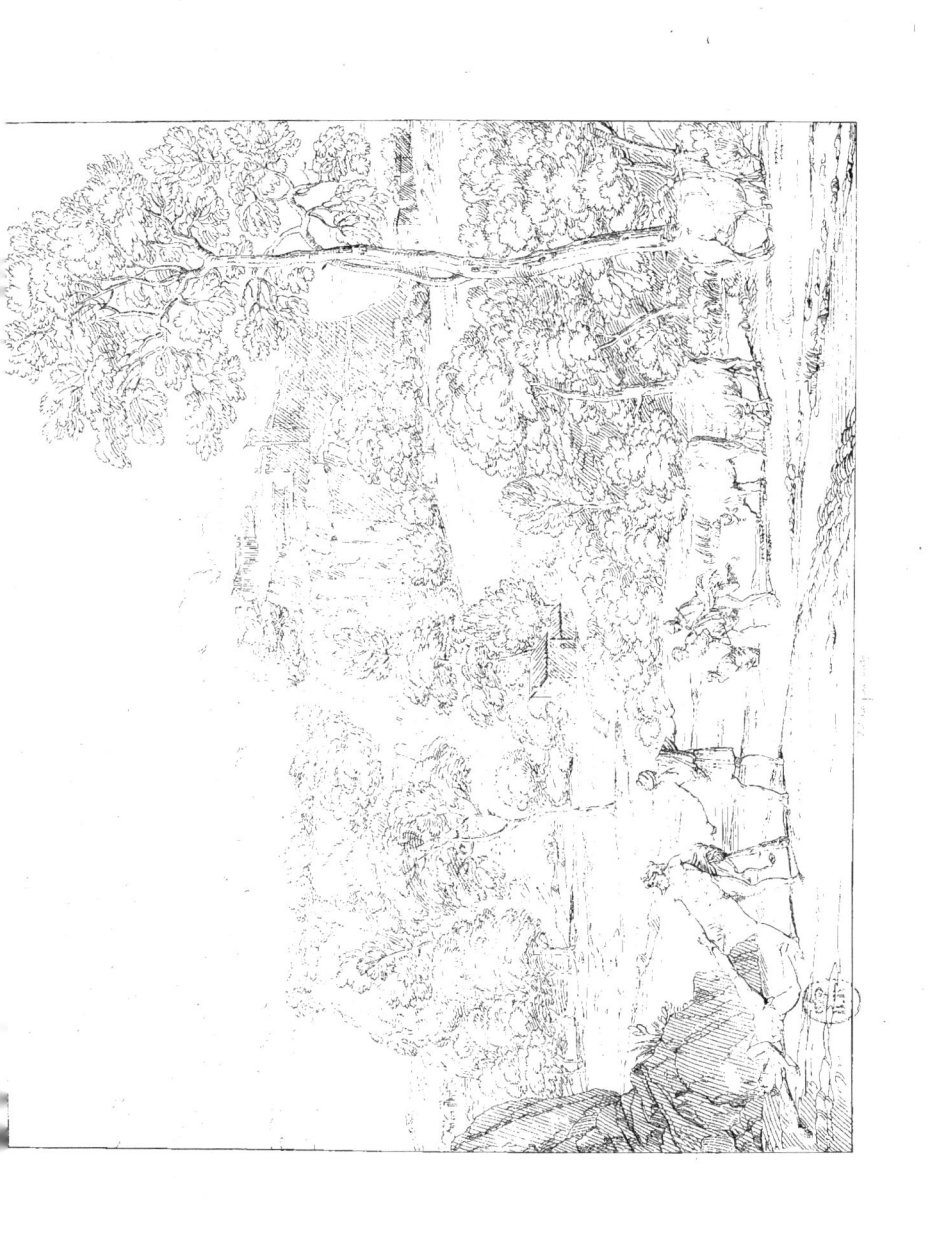

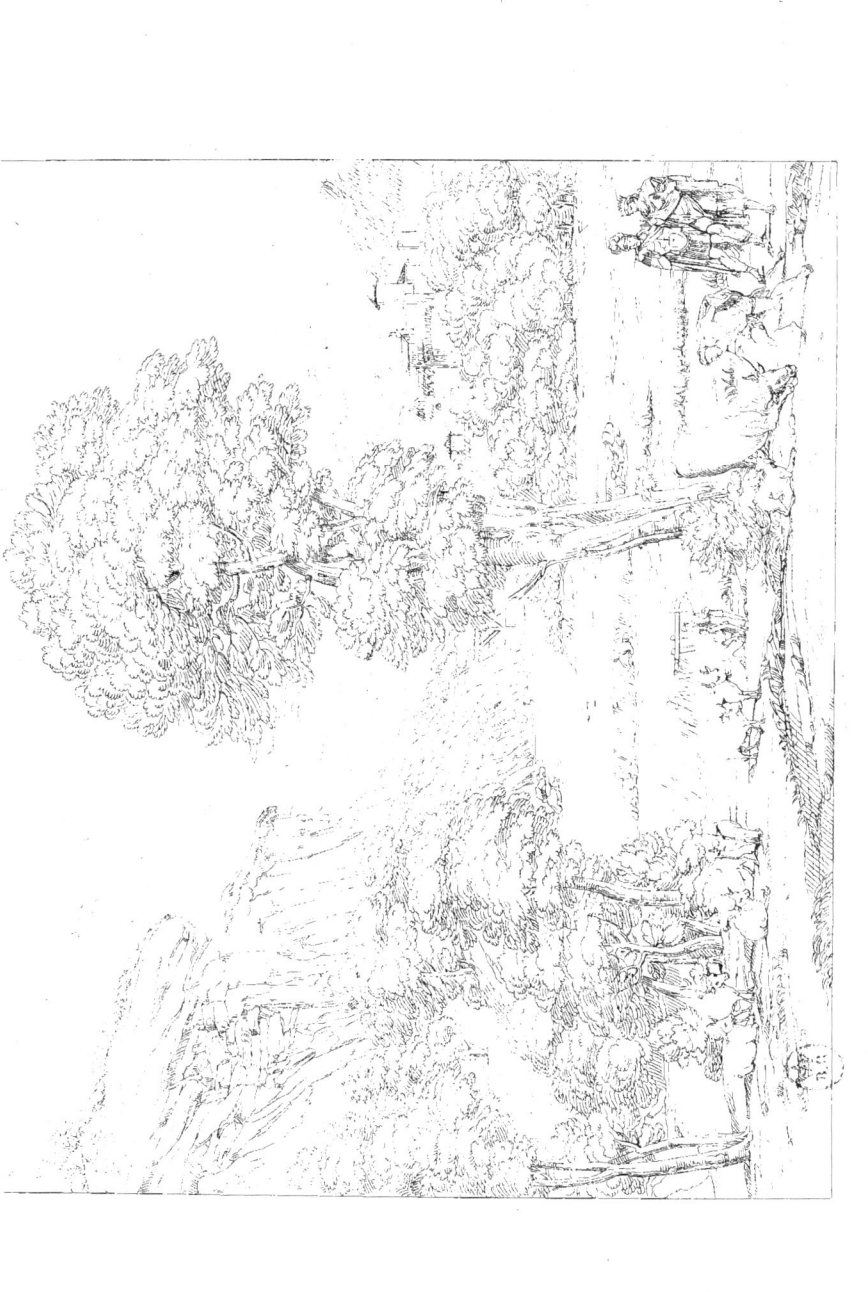

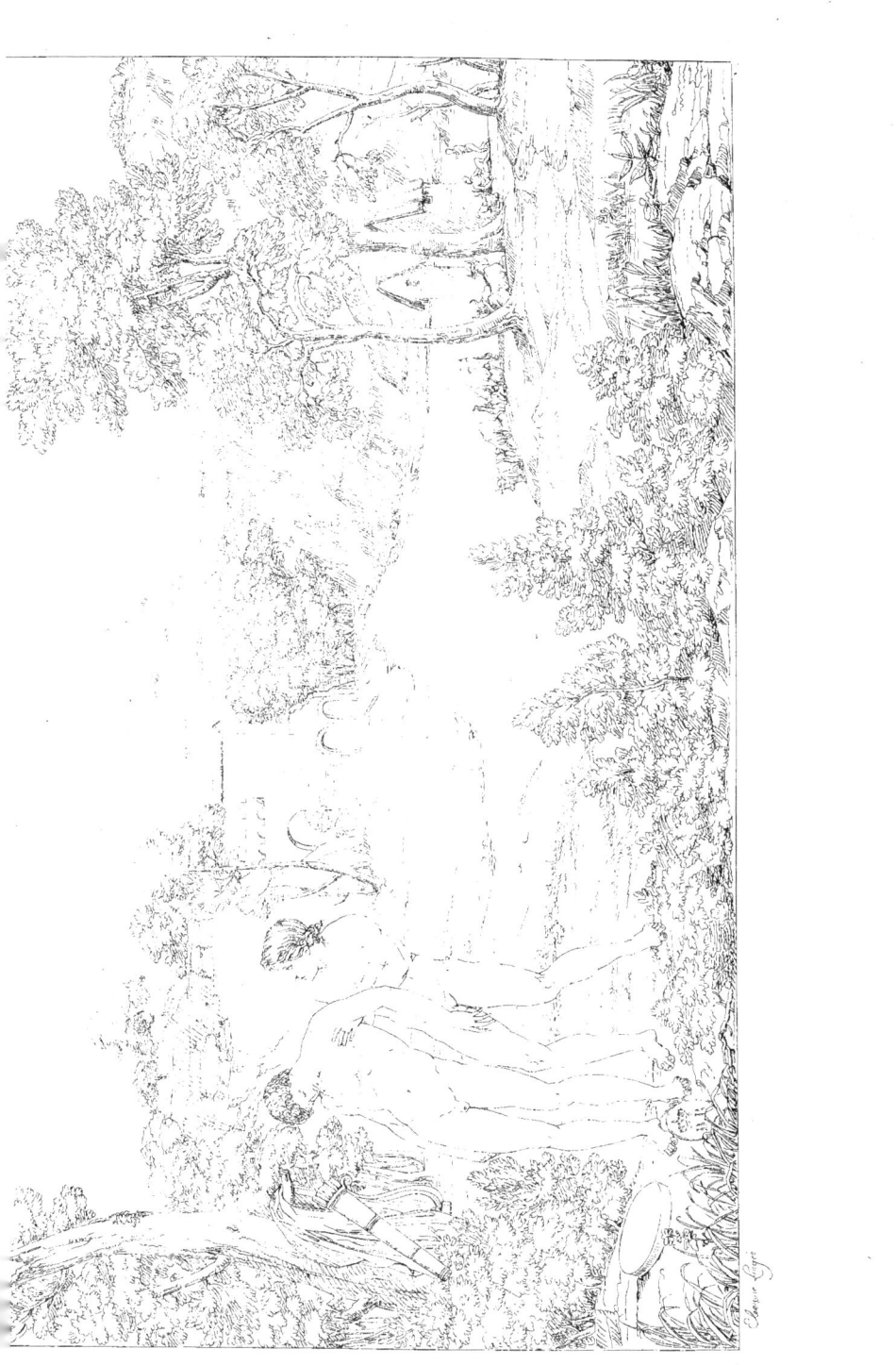

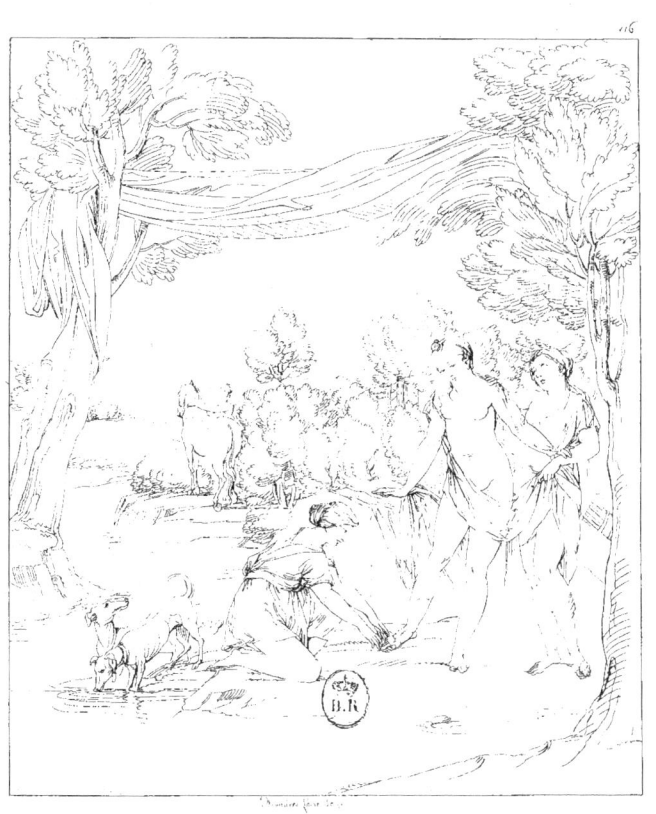

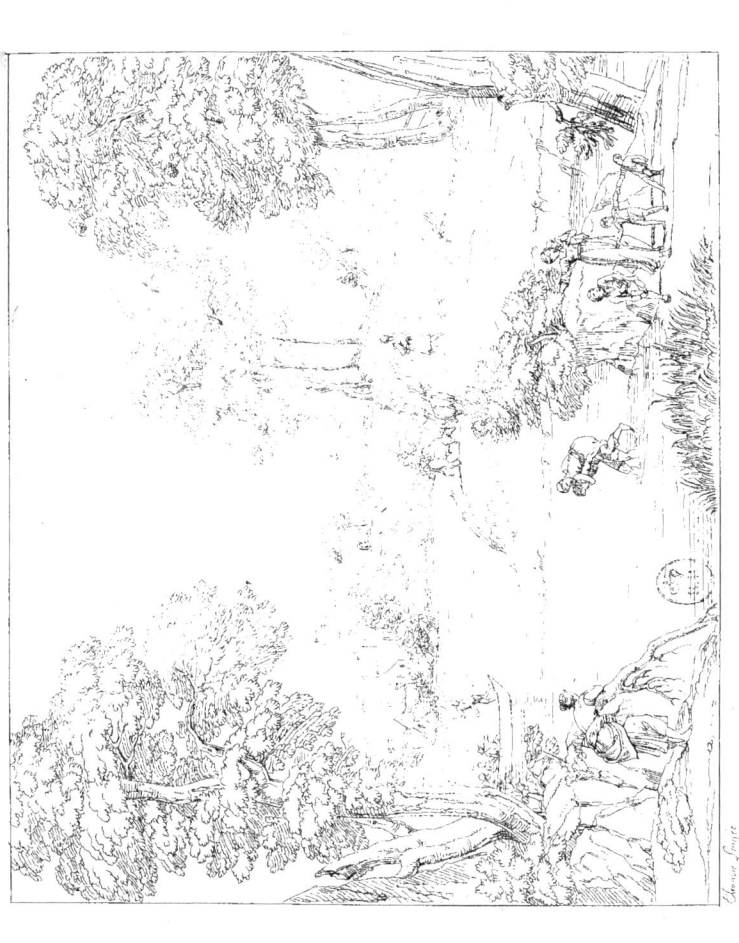

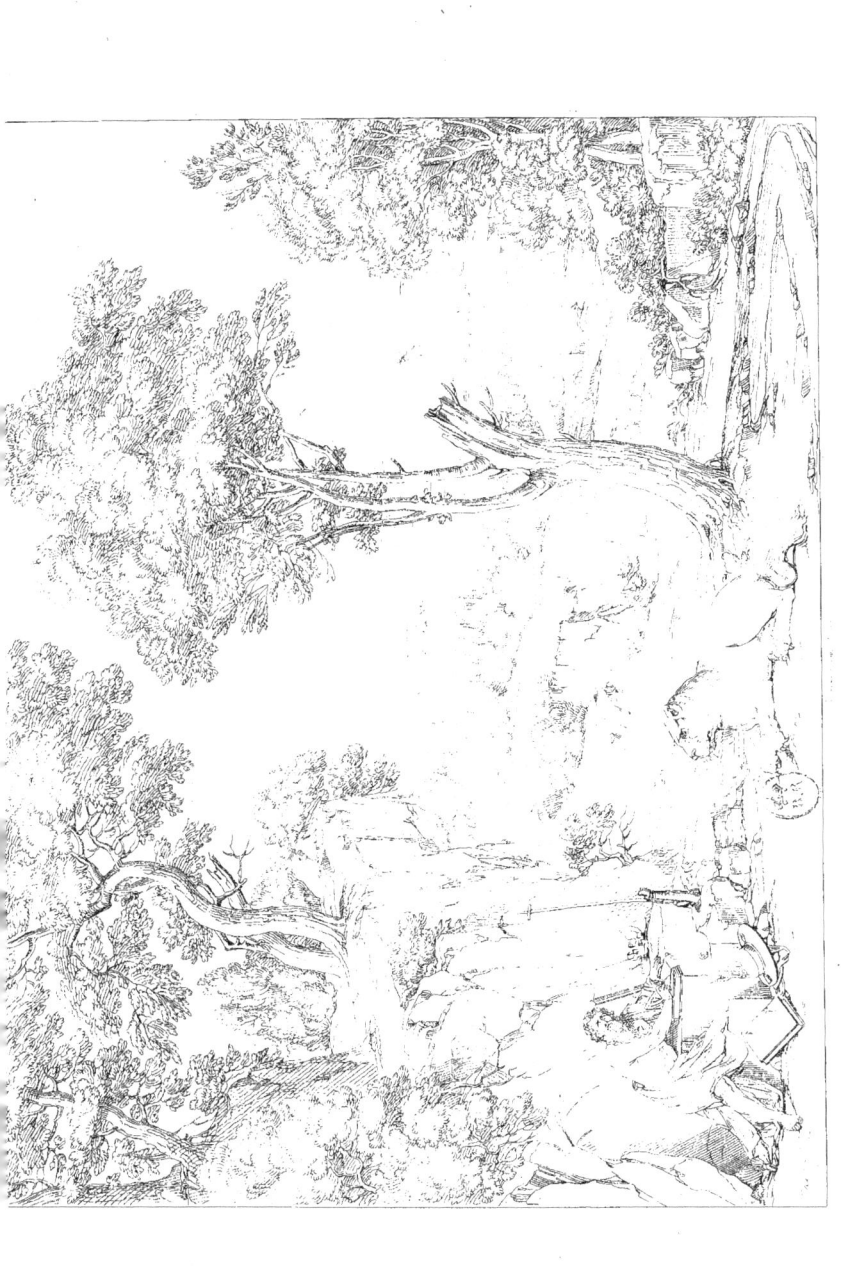

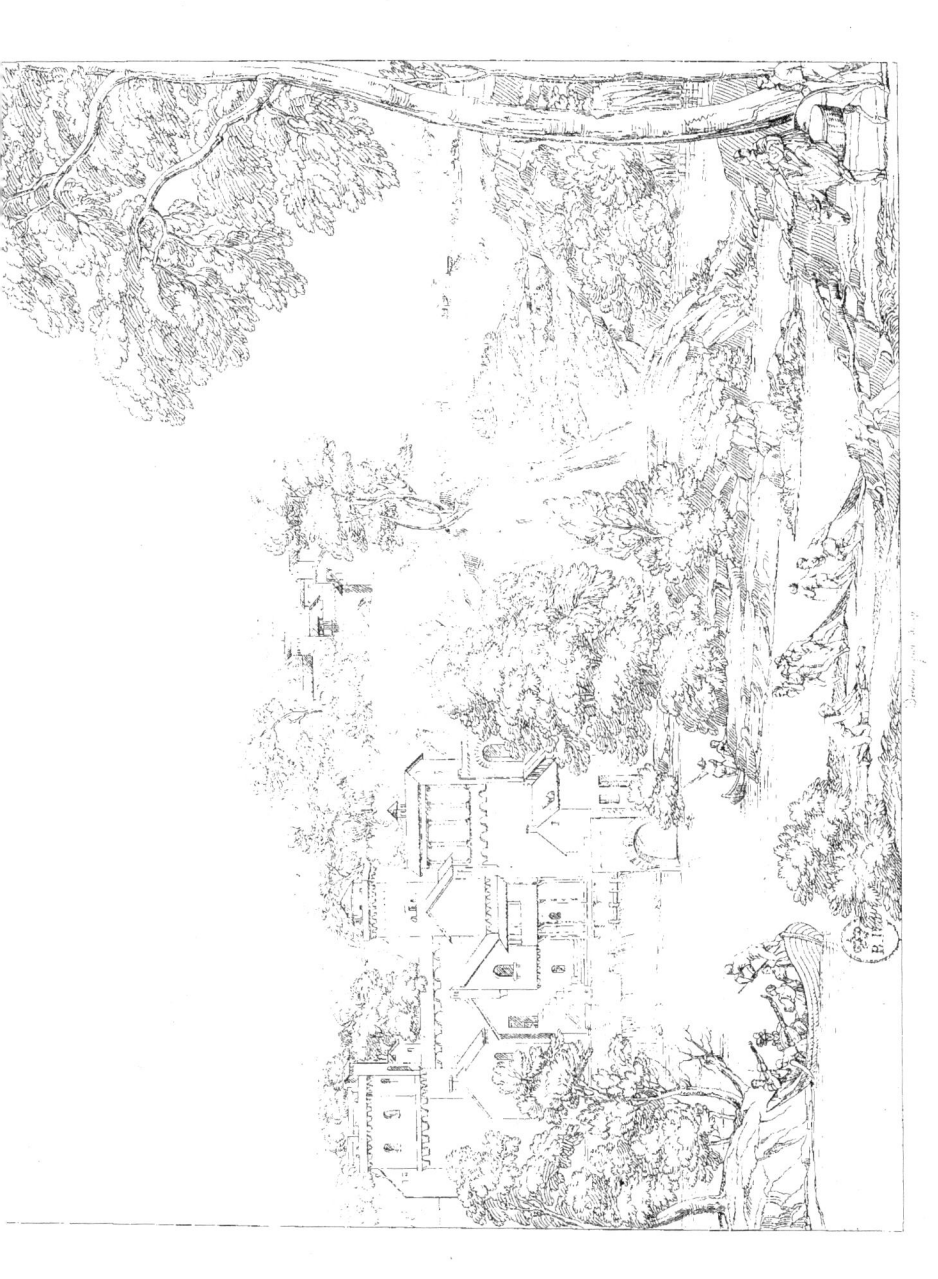

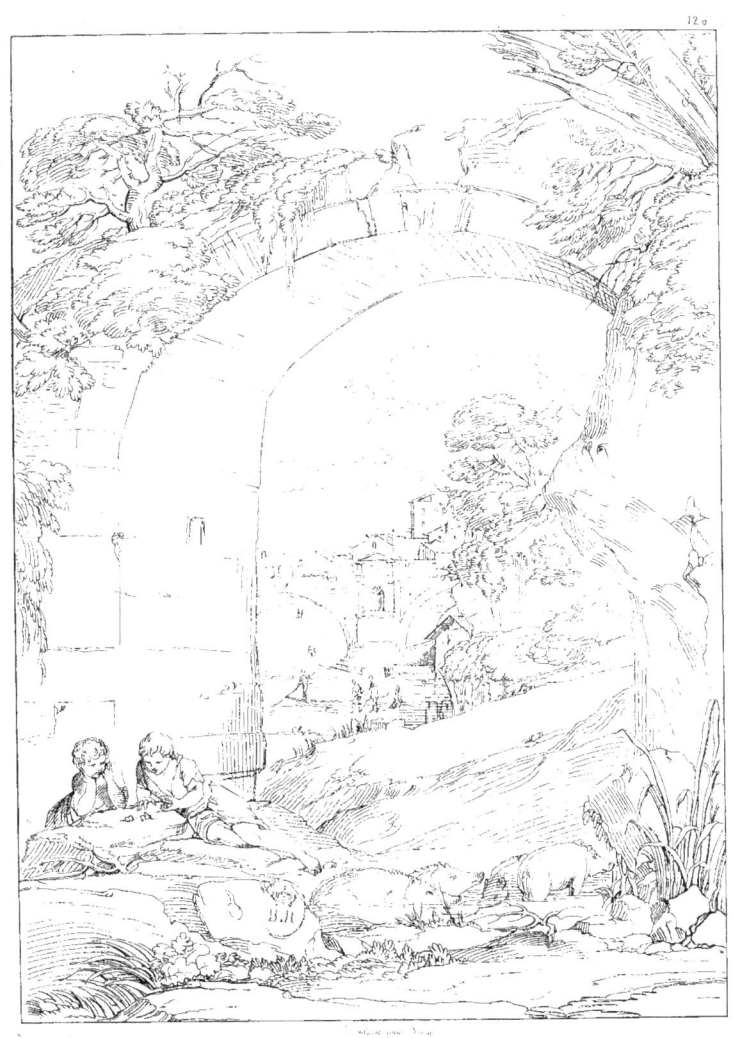